Christoph Spöcker

Die **BRO-**
STRATEGIE

Christoph Spöcker

Die BRO-STRATEGIE

Jede Frau klarmachen wie Barney Stinson

riva

Bibliografische Information der Deutschen Nationalbibliothek:
Die Deutsche Nationalbibliothek verzeichnet diese Publikation in der Deutschen Nationalbibliografie. Detaillierte bibliografische Daten sind im Internet über http://dnb.d-nb.de abrufbar.

Für Fragen und Anregungen:
Bro-Strategie@rivaverlag.de

1. Auflage 2013

© 2013 by riva Verlag, ein Imprint der Münchner Verlagsgruppe GmbH,
Nymphenburger Straße 86
D-80636 München
Tel.: 089 651285-0
Fax: 089 652096

Redaktion: Caroline Kazianka, München
Umschlaggestaltung: Maria Wittek, München
Umschlagabbildung: Maria Wittek, München, unter der Verwendung von iStockphoto
Satz: Grafikstudio Foerster, Belgern
Druck: CPI – Ebner & Spiegel, Ulm
Printed in Germany

ISBN Print: 978-3-86883-335-5
ISBN E-Book (PDF): 978-3-86413-416-6
ISBN E-Book (EPUB, Mobi): 978-3-86413-417-3

Weitere Informationen zum Verlag finden Sie unter
www.riva-verlag.de
Beachten Sie auch unsere weiteren Verlage unter
www.muenchner-verlagsgruppe.de

Vorwort

Die Männerwelt steckt in der Krise. Studien zeigen, dass 83 Prozent aller 20- bis 30-Jährigen sich im Umgang mit Frauen schwertun, selten bis unregelmäßig Sex haben und generell nicht wissen, wie man richtig lebt. Unsere modernen und toleranten Eltern haben es im Zusammenspiel mit den Medien fertiggebracht, aus fabelhaften männlichen Nachkommen verweichlichte Frauenversteher, Kumpeltypen und Pussys zu machen. Man spricht hier auch vom Nice-Guy-Syndrom. Klingt gefährlich, oder? Ist es auch. Sieh dich doch bloß einmal um! Welcher Kerl entspricht heute noch dem Bild eines richtigen Mannes? Hammertypen, die nach eigenen Regeln leben, auf die Meinung der Gesellschaft pfeifen, sich die Frauen nehmen, die sie haben wollen, gehören einer aussterbenden Rasse an. Früher war es etwas wert, ein richtig toller Hecht zu sein, der scharenweise Mädels um den Finger wickelt. Doch heute wird uns aberzogen, nach unseren Wünschen und unserem Willen zu leben. Wir müssen rücksichtsvolle, ruhige und tüchtige Mitglieder der Gesellschaft sein.

Pah! Langweilig, sag ich da! Langweilig und völliger Quatsch!

Wer hat denn etwas von einer Generation Männer mit einem Rückgrat, das biegsam ist wie Kaugummi mit Melonengeschmack? Die Jungs schon mal sicher nicht, die Mädels allerdings genauso wenig. Mutti behauptet zwar immer, dass du nur ein netter, artiger Junge sein musst, um eine tolle Frau abzubekommen, aber mal ehrlich: Mutti hat keinen blassen Schimmer.

Es gibt jedoch jemanden, der weiß, wie der Hase läuft. Super, detailorientiert, vertrauenswürdig – das ist Barney Stinson in drei Worten.

Mit seinem legendären *Bro Code* und dem einzigartigen *Playbook* hat er der Männerwelt bereits sensationelle Dienste geleistet. *Die Bro-Strategie* geht aber noch weiter. Sie zeigt dir, wie du dem Käfig deiner puritanischen Erziehung entfliehen und endlich deinen Traum leben kannst. Mit Barneys Hilfe wirst du Schritt für Schritt vom unauffälligen Normalo zum absoluten Womanizer, und die Frauen in deiner Nähe werden sich in Zukunft alle zehn Finger nach dir ablecken. Na, klingt doch super, oder? Dann raus aus der Alltagslethargie! Sei bereit, dein Leben zu ändern! Dieses Buch zeigt dir, wie das geht.

Zuerst einmal musst du dir eine zentrale Sache klarmachen: Was dir fehlt, ist Erfolg. Erfolg heißt, mit sich und seinem Leben zufrieden zu sein. Ein erfolgreicher Mann steht sowohl im Berufsleben als auch privat genau da, wo er will. Egal, was er beruflich treibt, es macht ihm Freude und erfüllt ihn. Sein Privatleben könnte reicher gar nicht sein. Der erfolgreiche Kerl hat unzählige Freundinnen und Freunde. Er fehlt auf keiner Party und kommt mit einfach jedem kinderleicht ins Gespräch. Erfolg ist die magische Kraft, die ihn von der Masse abhebt. Erfolg gibt ihm die Ausstrahlung des Siegertyps. Erfolg lässt ihn am Ende der Nacht mit dem schärfsten Mädel aus der Disco nach Hause gehen. Genau diese Art von Erfolg kannst auch du haben.

Oft heißt es, dass Erfolg von Geld und Macht abhängt. Wer Barney Stinson kennt, der weiß, dass das völliger Schwachsinn ist und Erfolg einzig und allein eine Frage der inneren Haltung ist. Glaubt mir, ich weiß, wovon ich rede. Immerhin bin ich Barneys Bruder, und wer würde ihn besser kennen als sein eigen Fleisch und Blut? Alles, was ich über Frauen weiß, habe ich von Barney gelernt. Und es gibt für dieses Fach wirklich keinen besseren Lehrer. Vielleicht liegt das daran, dass er sein erstes Mal mit einer Lehrerin hatte (na ja, zumindest war sie so eine Art Lehrerin). Schon sehr früh hat er auf jeden Fall Folgendes erkannt: In Sachen Erfolg ist das einzige Limit das, dass es gar kein Limit gibt. Barney lebt dort, wo sich das Mögliche und das Unmögliche begegnen. Was den Normalo-Losern dieser Welt in Cordhose, Flanellhemd und

Tweedjacket als schwierig, zu anstrengend oder unmöglich erscheint, stellt für den unglaublichen Barney Stinson aka. Mr Awesome eine willkommene Herausforderung dar. Unmögliches wird für ihn zum Vermöglichbaren. Er packt die Herausforderung beim Schopf und zieht sie nach meisterlicher Arbeit mit sich in seine Höhle. Bildlich gesprochen, natürlich!

Viele werden jetzt mit weinerlicher Stimme stammeln: »Aber Barney hat doch viel Geld, einen einflussreichen Posten bei einer Bank und alles, was dazugehört! Kein Wunder, dass ihm die Frauen zufliegen.«

Papperlapapp! Hast du dich überhaupt schon einmal gefragt, warum er das ganze Geld, den hohen Status und den tollen Job hat? Es liegt an seiner Haltung, seiner Einstellung. Wenn die anderen davonrennen, bleibt er standhaft wie ein in Stein gemeißelter Adonis. Wenn andere zittrige Knie bekommen, setzt er sich auf die Beinpresse und stemmt einen neuen Weltrekord. Wenn andere sich in die Hosen machen, krempelt er die Ärmel hoch und bändigt den acht Meter langen, menschenfressenden Alligator mit verbundenen Augen. Kurz gesagt, Barney hat keine Angst, und wenn auch du etwas in deinem Leben erreichen willst, darfst du ebenfalls keine Angst haben. Du musst sie hinter dir lassen und sie gegen eine natürliche lockere Art und ein starkes Selbstbewusstsein eintauschen. Unsicherheit, Selbstzweifel, Verlust- oder Versagensangst, diese Vokabeln darf es in deinem persönlichen Wörterbuch nicht mehr geben. Sie sind gestrichen. Für immer!

Wie du das schaffen sollst, fragst du? Keine Sorge. Du hast den ersten entscheidenden Schritt bereits getan und dir ein Exemplar von Barneys neuestem Werk gesichert. Dafür hast du eine hypothetische High-Five verdient!

– Kurze hypothetische High-Five-Pause –

Je mehr du in diesem Buch liest und je besser du die Tipps und Tricks, Methoden und Strategien berücksichtigen und selbst anwenden kannst, desto mehr wirst du dich verändern. Du wirst vom unauffälligen Statisten, der mit seinem Cocktailschirmchenbecher im Hintergrund des Klubs mit der Wand verschmilzt und heiße Schnitten bestenfalls von hinten sieht, wenn sie von dir weglaufen, zum absoluten Supertypen mutieren und dieselben heißen Schnitten aus einem ganz anderen Grund von hinten sehen. Die Torten werden sich die Finger nach dir lecken und die Typen werden dich für einen supercoolen Hengst halten.

Wie das alles möglich sein soll? Na, ganz einfach, mit der *Bro-Strategie*. Wie du bereits weißt, enthält *Der Bro Code* jahrhundertealtes Wissen über Freundschaft und wurde über Generationen nur mündlich überliefert, bis ein weltberühmtes Genie, natürlich Barney, auf die Idee kam, dieses Wissen aufzuschreiben und an die Männerwelt weiterzugeben. *Die Bro-Strategie* ist aus einem noch viel älteren Wissen und noch tieferer Weisheit entstanden. Nur geht es dabei eben darum, ähnlich wie im *Playbook*, superscharfe Weiber abzugreifen, und nicht darum, wie du dich deinen Bros gegenüber verhältst.

Schon in grauer Vorzeit, lange bevor der erste Ägypter in die erste Baumwollwindel kackte und lange bevor die erste Schrift erfunden wurde, begann sich dieses geheime Wissen zu entwickeln. In jedem Steinzeitdorf gab es einen Typen wie Barney. Er war der Anführer, denn er hatte die größten Mammuts mit bloßen Händen erlegt, einen Grizzly im Faustkampf besiegt und er trug den stärksten Anzug aus Säbelzahntigerfell, den Giorgio Armani jemals geschneidert hat. Ich muss hoffentlich nicht erwähnen, dass die ganzen geilen halbnackten Steinzeitweiber ihn all den lahmarschigen Teds und Marshalls vorzogen. Er konnte also jede Nacht sein Fell mit einer anderen heißen Braut teilen. In der Wissenschaft nennt man diese prähistorische Version von Barney Stinson Alphamann. Aber wir bleiben doch lieber bei Supertyp. Das klingt weniger griechisch.

Über die Jahrhunderte hinweg entwickelten sich sowohl die Supertypen als auch ihr Wissen weiter. Die Methoden und Manöver wurden verfeinert und verbessert. Eine verschworene Gemeinschaft entstand. Es war die coolste Geheimorganisation aller Zeiten. Dagegen wirken die Freimaurer wie ein jämmerlicher Haufen Tee trinkender Pappnasen, die sich im Stillen treffen, um dem Pantoffel ihrer Eheweiber zu entfliehen. Die Bros dieser legendären Organisation waren Meister der Verführung. Sie teilten ihr Wissen über das weibliche Geschlecht und trieben ihre Kunst bis zur Perfektion. Außerhalb der Gemeinschaft durfte jedoch niemand von ihrer Existenz wissen. Nicht auszudenken, was passiert wäre, wenn die Frauen dieser Welt davon Wind bekommen hätten. Niemals durften sie von der Existenz der Organisation erfahren, sonst wären die Bros geliefert gewesen. Aus diesem Grund hielten sie nie etwas schriftlich fest und ihr Geheimnis war sicher. Das heißt, es war sicher bis zu dem Tag, als unser Vorfahr Bargnalio Stinson zu ihrem Mitglied wurde. Natürlich war er ein umwerfender Spitzenkerl der Kategorie Alpha plus. Mit ziemlicher Sicherheit war er sogar der stärkste und männlichste Hombre, den die Bros damals aufbieten konnten, und das meiste Wissen teilte sowieso er mit den übrigen Bros und nicht sie mit ihm. Wie auch immer. Als Barnaglio spürte, dass seine Zeit bald kommen würde, begann er, all sein Wissen über die Kunst der Verführung in einem Buch aufzuschreiben, um es an die kommenden Generationen der Stinsons weiterzugeben. Generation folgte auf Generation, Supertypen folgten auf Supertypen und sie alle erweiterten und vervollständigten, was Barnaglio begonnen hatte.

Die geheime Bro-Organisation gibt es jetzt schon eine ganze Weile nicht mehr. Das Einzige, was geblieben ist, ist die Stinson'sche *Bro-Strategie*. Barney und ich kamen vor einigen Jahren in den Besitz des Familienerbstücks und wir behielten dessen Existenz zuerst für uns. Wir wollten ja nicht, dass irgendein verliebter Trottel irgendwann seiner Freundin erzählt, was er für Tricks angewandt hat, um sie rumzukriegen. (Früher oder später gibt es immer einen, der doof genug ist, dem Hasen die Sache mit der Schlinge zu erklären.)

In den letzten Jahren hat sich für Barney und mich jedoch einiges geändert. Wir mussten feststellen, dass immer weniger Männer wissen, wie man lebt. Wir Stinsons saugen dieses Wissen schon mit der Muttermilch (die kommt aus Möpsen) auf und konnten irgendwann einfach nicht länger mitansehen, wie die Bros unserer Zeit zu eierlosen Waschlappen verkümmern. Deshalb mussten wir handeln. Barney hat die ehrenvolle Aufgabe übernommen, ausgewählten Bros wie zum Beispiel Ted Mosby direkt und praktisch beizubringen, wie man ein cooler Kerl wird und bei Frauen ankommt. Doch selbst der Übermann Barney Stinson kann nicht der ganzen Welt persönlichen Nachhilfe-unterricht in Aufreißkunde geben. Deshalb haben wir beschlossen, *Die Bro-Strategie* zu veröffentlichen, damit du nicht länger ein unbekannter Ersatzbankspieler bleibst, sondern in kürzester Zeit alles lernen kannst, was nötig ist, um ein absoluter Spitzenathlet zu werden, wenn es darum geht, Chicks abzuchecken, Nummern zu klären und Nümmerchen zu schieben.

Aber sei auf der Hut! Du musst verdammt noch mal aufpassen, dass keine Frau der Welt jemals von der Existenz dieses Buches erfährt. Wenn du immer an Regel Nummer 1 denkst und dich an den Grundsatz »Bruder vor Luder« hältst, kann eigentlich gar nichts schiefgehen.

Also dann, los geht's! Anzug an! Wir sehen uns im ersten Kapitel.

1

Das Stinson-Erfolgsrezept

Stell dir einen prächtigen Löwen vor. Elegant und lautlos streift er durch die Serengeti. Seine Mähne erstrahlt golden im Licht der untergehenden Sonne, die messerscharfen Krallen blitzen aus samtigen Tatzen hervor, das Maul starrt vor fingerlangen spitzen Reißzähnen. Nie lässt er sich eine Beute entgehen, er pirscht sich an und erlegt sie. Er ist der unangefochtene Herrscher der Steppe, der König der Savanne und alle Löwinnen wollen nur ihn.

Genau so ist Barney Stinson. Mit einem Glas 18-jährigen Scotch durchstreift er das New Yorker Nachtleben. Sein goldenes Haar sitzt perfekt und strahlt mit der Intensität einer Mensch gewordenen Sonne. Der royalblaue Anzug ist maßgeschneidert und schmiegt sich um Barneys gestählten Prachtkörper wie eine zweite Haut aus feinster Seide. Die blauen Augen funkeln wie Saphire und suchen den Jagdgrund nach potenzieller Beute ab. Ein hübsches Ding an der Bar erregt seine Aufmerksamkeit. Sofort bewegt er sich auf sie zu, spricht sie an, wickelt sie um den Finger und landet eine Viertelstunde später mit ihr in der Kiste.

Wie er das macht? Barney macht sich das Unterbewusstsein der Frau zunutze, denn über diese Ebene lässt sie sich verführen. Keine Frau der Welt springt mit einem Typen in die Kiste, der nur auf der Verstandesebene mit ihr kommuniziert. Barney suggeriert ihrem Unterbewusstsein, dass er genau der Mann ist, nach dem sie sich schon so lange sehnt. Denn Frauen träumen nach wie vor von Mr Right, ihrem ganz persönlichen Prinzen, der wie ein Donnerschlag in ihr Leben tritt und es bis in die Grundfesten erschüttert. Wenn Barney also ein hübsches Püppchen sieht, geht er ohne zu zögern auf sie zu, spricht sie an, berührt sie und ist der Mann, den sie sich wünscht. Das weibliche Unterbewusstsein registriert dabei mehrere Dinge.

1. Er tritt wie durch Zufall in ihr Leben.
2. Er hat Mut.
3. Er berührt Frauen ganz selbstverständlich, wie es ihm als Supertypen zusteht.

Ihr rationaler Verstand sieht zusätzlich noch den teuren Anzug, die Designerschuhe und die elegante Uhr am Handgelenk. Wir sind genetisch darauf programmiert, einen hohen Status anzustreben. Das liegt in der menschlichen Natur. Aus diesem Grund ziehen Frauen Männer mit hohem Status dem normalen Durchschnittsjungen vor. Sowohl Barneys Kleidung als auch die teuren Accessoires lassen auf einen hohen Status schließen. Wer kommt im Anzug in eine Bar oder einen Klub außer viel gefragten, erfolgreichen Geschäftsleuten? Richtig! Nur solche Geschäftsleute oder ein cleverer Typ wie Barney, der sich das Statusdenken der Frau zunutze macht.

Im Laufe des Gesprächs wird sie weitere Entdeckungen machen, die positiv auf ihr Unterbewusstsein wirken. Barney tritt als witziger Senkrechtstarter auf, der den anfänglichen Widerstand der geilen, jungen Dinger je nach Situation mit den richtigen Waffen bricht. Er verfügt über ein ganzes Arsenal solcher Waffen, einige kennst du ja schon aus dem *Playbook*. Die wichtigsten sind dabei auf jeden Fall zum einen sein Mund, besser gesagt seine sprachlichen Fähigkeiten, und die Macht der Berührung.

Auf die Zungenfertigkeiten kommt es an

Verbal spielt Barney mit den Frauen. Er ist frech und charmant. Diese Technik wird oft als Cocky & Funny bezeichnet. Was aber kannst du dir darunter vorstellen?

Viele Kerle begehen den Fehler, mit Frauen anders zu sprechen als mit Männern. Sie kriegen auf einmal Hemmungen und reden im braven Kastratenmodus. Tu das auf keinen Fall. Es wird der Frau nur signalisieren, dass du kein sexuelles Interesse hast, und du rutschst dann sofort in die Kumpel-Schiene. Das ist nichts für uns harte Jungs. Mal im Ernst, wenn du dich an ein glühend heißes Klassemädchen ranmachst, dann willst du alles, bloß nicht ihr Kumpel sein.

Hast du jemals gesehen, dass Mr Awesome im Gespräch Unterschiede zwischen Männlein und Weiblein macht? Nein! Also machst du das ab heute auch nicht mehr.

Barney spricht während einer Verführung so, wie er immer spricht. Er vermeidet keine Ausdrücke, nur weil er denkt, sie könnten dem heißen Feger sauer aufstoßen. Gerne und mit großem Erfolg zieht er die Frau seiner Begierde auf und macht sich über sie lustig, allerdings immer mit einem Augenzwinkern – Beleidigungen sind tabu. Doch ein freches und charmantes Auftreten ist ein wirkungsvolles Werkzeug, weil es der Frau Folgendes zeigt:

1. Du amüsierst dich gerne und hast Spaß an der Interaktion mit anderen Menschen.
2. Du verfügst über die nötigen sozialen Fähigkeiten, um dich mit fremden Menschen auf witzige und spannende Weise zu unterhalten.
3. Du bist nicht auf sie allein fixiert, denn mit deiner lockeren, offenen Art kannst du ganz schnell mit jeder Frau in Kontakt treten.

Durch Sprache und Auftreten kannst du also schon viel tun, um dich von den ängstlichen Hintergrundwichten abzuheben und dich für das andere Geschlecht interessant zu machen.

Das »Hi« berührt sie

Noch mächtiger als deine Ausdrucksweise ist die Berührung bei der ersten Begegnung, denn sie spricht das weibliche Unterbewusstsein direkt an (dort sitzt die launische Libido, die darüber entscheidet, ob du ihr heute Nacht noch das Höschen ausziehen darfst oder nicht). Das Stinson'sche »Hi« ist immer mit einer ganz leichten Berührung an Hand, Oberarm oder Hüfte verbunden. So zieht Barney die süße Blonde an der Theke in seinen Orbit. Er zeigt ihr damit, dass es für ihn völlig normal ist, Frauen zu berühren. So demonstriert er eine gehörige Portion Selbstbewusstsein, denn die Wenigsten trauen sich, eine Braut gleich beim ersten Aufeinandertreffen zu berühren. Sieh dich doch nur einmal um. Die meisten Typen halten Sicherheitsabstand, wenn sie versuchen, mit einem flotten Käferchen zu flirten. Anfängerfehler! Zack, raus! Der Nächste.

Berührungen sind der Schlüssel zu ihrem selbst angelegten Keuschheitsgürtel. Je besser das Gespräch läuft, je mehr sie lacht, Augenkontakt hält, von sich aus Interesse zeigt, desto intensiver und vertrauter können die Berührungen werden. Barney hat es durch jahrelange Arbeit und Erfahrung geschafft, ein wahrer Virtuose auf dem Gebiet des Mädels-Klarmachens und -Flachlegens zu werden. Daher landet er oft schneller mit einem leckeren Unterwäschemodel in der Kiste, als andere Leute Instantnudeln kochen können.

Betrachten wir das Phänomen Barney Stinson einmal genauer. Wie du sicher weißt, gab es eine Zeit in seinem Leben, als auch er sich ganz unten befand. Er trug alte, verwaschene Klamotten und einen lächerlichen Hippiehaarschnitt zu einem noch hässlicheren Kinnbart. Er war verliebt, hob seine Unschuld für seine Angebetete auf und wollte die Welt retten. Mit einem Wort: Er war ein Trottel. Nein, noch schlimmer, ein verliebter Trottel.

Wir wissen alle, wie die Geschichte ausgeht. Mädchen verlässt Barney, Barneys Herz ist gebrochen, Barney ist verzweifelt. Doch das

Wichtigste an der ganzen Chose: Barney erkennt, was für ein Trottel er war. Er ist 23, noch immer Jungfrau und alles in ihm schreit nach Veränderung. Und dann: Nach seinem ersten Mal mit der Männermacherin platzt er fast vor Selbstbewusstsein. Er erhebt sich aus der Asche des Losers Barney Stinson. Wie der sprichwörtliche Phönix (nur mit besserer Frisur) schwingt sich der ultimative Typ in Armani gewandet hinauf in die höchsten Sphären der Verführung. Es ist eigentlich wie bei Jesus. Der Normalo muss sterben, damit ein Gott zurückkommen kann.

Du siehst also, auch für dich ist es noch nicht zu spät. Mithilfe dieses Buches machen wir aus dir einen Chick-Magneten, bei dessen Anblick sich die heißesten Schnecken die Kleider vom Leib reißen. Du wirst dich vor Telefonnummern nicht mehr retten können. Eine Flut von Frauen wird sich auf dich stürzen. Geile Bräute werden sich nach dir verzehren. Models werden sich bei dir die Klinke in die Hand geben. Das wird legendär!

Der Anzug

Hast du Barney schon einmal ohne Anzug gesehen? Egal ob im Fitnessstudio, beim Lasertag oder in der Bar, der Anzug sitzt perfekt. Selbst zum Schlafen trägt er einen Seidenanzug mit Sakko und Schlafkrawatte. Schließlich weißt du nie, wann es so weit ist und zwei superscharfe Aerobictanten vor deiner Tür stehen und sich in deiner Dusche Babyöl von ihren sinnlichen Körpern waschen wollen. Das kann jeden Moment passieren. Echt wahr. Die Macht des Zufalls ist unendlich und die Wege des Herrn sind bekanntlich unergründlich. Also legst du dir besser auch einen kompletten Drei-Knopf-Nadelstreifenschlafanzug mit passender Krawatte zu. Du willst doch nicht riskieren, dass die beiden angeekelt von deinem alten, verwaschenen T-Shirt die Flucht ergreifen. Aber Spaß beiseite:

Zuallererst einmal sind Anzüge einfach cool. Sie sind ein Quell der Freude, das modische Gegenstück zum Lachen eines Babys. Das ist ein Naturgesetz! Doch es steckt noch mehr dahinter. Ein guter Anzug ist nach wie vor ein Symbol für hohen Status und man sollte niemals die Macht von Symbolen unterschätzen. Natürlich nehmen wir das so nicht bewusst wahr. Auf rationaler Ebene verbinden viele einen Anzugträger vielleicht sogar mit den ungeliebten Attributen des raffgierigen Bankers oder spießigen Juristen. Unterbewusst gestehen wir Menschen im Anzug jedoch einen hohen Status zu. Nun ja, zumindest jenen, die maßgeschneiderte Designerstücke tragen. Ein schlabbriges, schlecht sitzendes Jackett über einem zerknitterten Hemd steht doch eher für die Kategorie Gebrauchtwagenhändler oder Möchtegern-Broker. Überleg doch einmal, welcher Typ Mensch Anzüge trägt. Es ist der

Karrieretyp, der geschäftlich Erfolg hat und damit in unserer Gesellschaft als dicker Fisch gilt. Dieser Typ Mann symbolisiert finanziellen Erfolg und transportiert damit die Botschaft: »Hey Baby, ich bin ein Spitzenverdiener und kann sowohl dich als auch unsere Kinder bis an unser Lebensende mit Wohlstand überschütten.«

Ich will den Frauen dieser Welt nicht unterstellen, ihre Partner nach rein materiellen Aspekten auszuwählen, doch unterbewusst wirkt das Signal finanzieller Sicherheit in jedem Fall sehr stark. Ein Mann muss heutzutage nicht mehr vor lauter Kraft fast platzen und jedem Konkurrenten sofort eine hammerharte Gerade verpassen, um sich gegen ihn behaupten zu können. In der heutigen Gesellschaft sind andere Qualitäten gefragt. Wer einfach losgeht und seine Probleme mit einer dicken Holzkeule lösen will, wird sich schneller, als er knurren kann, im Kittchen wiederfinden. Die Gesellschaft hat sich seit der Steinzeit weiterentwickelt, unser Unterbewusstsein hat sich in der ganzen Zeit aber kaum verändert. Es springt immer noch auf dieselben Botschaften an, nur dass diese in der heutigen Zeit eben an die gesellschaftlichen Normen angepasst sind. Wo bei den Neandertalern ein kräftiger Speerarm, Jagdgeschick oder auch ein anständiger Rülpser hoch im Kurs standen, punktet der moderne Supertyp mit Intelligenz, sozialen Fähigkeiten, finanzieller Unabhängigkeit und Humor. Seinen Lebensunterhalt braucht er nicht mehr mit der Kraft seiner Muskeln zu verdienen und für ein gesellschaftliches Leben sind gute Umgangsformen wichtiger als schnelle Reflexe.

Und genau das symbolisiert der Anzug. Er zeigt den hübschen Mäuschen, dass du ein toller Überflieger bist. Wenn du deine Karten richtig ausspielst, dann kommst du mit seiner Hilfe ihrem Schlafzimmer schon einen großen Schritt näher. Außerdem sieht man in einem Anzug einfach scharf aus. Sieh dir Barney doch mal genau an … und dann stell Ted daneben. Langweiliges Hemd, öde Jeans, schlaffe Frisur. 3, 2, 1 … Sieger durch K. O., Barney the Suit of Doom Stinson verteidigt erneut seinen Titel.

Das Einzige, das noch stärker aussieht als ein schicker Maßanzug, ist ein Smoking. Man kann ihn getrost als den großen Bruder des Anzugs bezeichnen, aber der Smoking ist nur etwas für besondere Anlässe wie ein Bro-Treffen oder die Victoria-Secret-Modenschau. Also fang nicht an, ihn zu deiner Alltagsgarderobe zu machen. Das wäre deinen Bros gegenüber mehr als unsportlich.

Status

ng verknüpft mit dem edelsten Kleidungsstück, in das sich ein Mann hüllen kann, ist der nächste Punkt. Hier geht es um das Thema Status. Hoher Status ist für den Verführer ein absolutes Muss. Also volle Aufmerksamkeit und Augenkontakt! Man muss kein Genie sein, um zu erkennen, dass Barney quasi in der Champions League spielt, wenn es um das Thema Status geht. Er befindet sich auf Augenhöhe mit Größen wie Bill Clinton, Michael Jordan oder Hugh Hefner. Der Unterschied ist nur, dass Barney ein Mojo[1] hat, von dem diese drei betagten Herren in ihrem Alter nur träumen können. An dieser Stelle gibt es eigentlich nur einen Tipp: Sieh zu und lerne.

Wenn Barney den Raum betritt, verstummen die Gespräche, die Blicke wenden sich ihm zu und Unterkiefer können sich nicht länger gegen die Schwerkraft behaupten (ja, Barney hat ein, zwei Tricks auf Lager, um die Schwerkraft zu beeinflussen). Da sind zuerst einmal die Bros in dem Laden. Sie staunen über die Lockerheit seines Auftretens, sein Selbstbewusstsein und wären gern mit diesem supercoolen Typen befreundet. Dann gibt es natürlich auch etliche scharfe Torten. Sobald sie Mr Awesome erblicken, fangen sie an, wie von Zauberhand mit den Wimpern zu klimpern, sie zeigen ihr strahlendstes Lächeln, knöpfen ihre Bluse etwas weiter auf und wollen diesen starken Kerl sofort kennenlernen. Und ja, ich meine damit, sie wollen mit ihm schlafen.

Woran liegt das? Schließlich hat Barney noch kein Wort gesprochen, aber schon liegt ihm die Damenwelt zu Füßen. Der entschei-

---

1   Sexuelle Anziehungskraft des Mannes

dende Faktor ist hier der Status und Barney beansprucht den höchsten Status auf meisterliche Weise für sich. Er weiß, was bei Frauen gut ankommt, und präsentiert sich genau auf diese Weise. Für den erfolgreichen Verführer ist hoher Status Pflicht, denn damit zieht er Frauen auf unwiderstehliche Weise an. Ladys haben ein unglaublich feines Gespür, wenn es um den Status eines Mannes geht. Die Erklärung dafür führt weit zurück in die menschliche Vergangenheit. Stell dir einfach wieder unser Steinzeitdorf vor. Dort gibt es, sagen wir einmal, 40 Steinzeitbros und genauso viele Mädels. Wer, glaubst du, bekommt die meisten scharfen Steinzeitluder ab? Natürlich der Kerl mit dem höchsten Status, also der Anführer, unser Steinzeitbarney. Es ist doch eigentlich ganz einfach. Evolutionsgeschichtlich begründet wählen Frauen ihre Partner auf ganz andere Weise aus als wir Bros. In erster Linie muss ein Mann für sie und ihren Nachwuchs sorgen können. Er muss in der Lage sein, die Familie zu ernähren, sie zu beschützen, er muss stark, selbstbewusst und dominant sein. Außerdem muss er genug Steinzeitdollar verdienen, um die Kinder auf eine renommierte paläolithische Privatschule schicken zu können. Andere Männer sieht er nicht als Konkurrenz. Aufgrund seines hohen Status sind sie ihm sowieso untergeordnet. Diese Kerle nennt man Betamännchen oder einfach Waschlappen. Sie sehen zum Alpha auf, richten sich nach seinen Entscheidungen und lachen über seine Witze.

Die Steinzeitweiber und auch die heutigen Frauen registrieren all diese Attribute und treffen ihre Wahl nach diesen Kriterien. Ihr Ziel ist es natürlich, einen Kerl mit möglichst hohem Status zu ergattern.

Zurück zu Barney. Barnabus Stinson tritt als erfolgreicher Geschäftsmann auf. Er findet Geschmack an den extravaganten Dingen des Lebens. Er gibt sich stilvoll und gebildet. Von Normalos hebt er sich sowohl durch Kleidung als auch durch Körperhaltung und Mimik ab. Er zeigt seinen Freunden, wie man lebt, und beeinflusst ihr Leben maßgeblich. Sie wenden sich an ihn, wenn sie Rat suchen (oder auch nicht, weil sie denken, sie wüssten es besser, nur um später einzusehen, dass sie doch lieber Barney gefragt hätten). Er lebt ein äußerst abwechslungsreiches Leben, kennt sämtliche Berühmtheiten New Yorks persönlich und verfügt über ein unendliches Repertoire an spannenden Geschichten. In einer munteren Runde leitet er das Gespräch und sucht wie ein Talkmaster auch die Meinungen und Ansichten der stilleren Bros und Bräute. Okay, zugegeben, vor allem die Bräute nimmt er oft nicht so ernst. Eher albert er herum und zieht sie bedenkenlos auf. Doch das gehört natürlich alles zu seinem größeren Plan. Er neckt seine Zielperson (mindestens eine Sechs) mit Humor und frechem Charme und bereitet sie damit unterbewusst auf einen wilden Lakentanz vor. In der Totale betrachtet deutet Barneys selbstbewusstes, dominantes und zotiges Auftreten eindeutig auf einen enorm hohen Status hin. Die Frauen in Barneys Umfeld nehmen das wahr und interpretieren es folgendermaßen:

> Barney = Supertyp → Supertyp = potenzieller Partner → potenzieller Partner = Sex

Und zack, schon hat er sie da, wo er sie haben will. Ist Barney nicht einfach legendär? Das war natürlich eine rhetorische Frage. Doch aus dem Ganzen ergibt sich noch mehr. Daran, dass die Menschen um Barney ihn schätzen und lieben, seinen Rat suchen und ihm zuhören, über seine Witze lachen und sich auf seine spontanen sowie verrückten Ideen einlassen, erkennen Frauen zwei Dinge:

1. Barney ist hervorragend sozialisiert. Das heißt, er fühlt sich wohl in Gesellschaft anderer Menschen und weiß, wie er sich in gesellschaftlichen Situationen zu verhalten hat.
2. Barney gibt in der Gruppe den Ton an. Egal, ob es um das Gesprächsthema geht, die weitere Abendplanung, die Art und Weise,

wie Ted sein nächstes Date angehen soll, oder darum, welche Stripperin am besten für Marshalls Junggesellenabschied wäre. Barney hat das letzte Wort.

Und eines ist sicher: Genau diesen Typen wollen alle scharfen Feger dieser Welt. Sie wollen den Führer des Löwenrudels, das Alphamännchen, den Supertypen. Niemand will die anderen jämmerlichen Jasager und Dilettanten, die sich nicht mal trauen, zu einer Frau Hallo zu sagen. Im Grunde ist es wie beim Lasertag. Nur der Sieger kommt auf das Foto und darf die Trophäe mit nach Hause nehmen. Und wenn ich Trophäe sage, wissen wir alle, dass zwei wunderbare, perfekt geformte Brüste gemeint sind. Das erste Ziel wäre also gesteckt. Wir erhöhen deinen Status. Wie das funktioniert, erkläre ich dir genauer im zweiten Kapitel unter der Überschrift »Dein Status«.

Einstellung

Kannst du dich daran erinnern, wie Barney Ted mit zum Flughafen nimmt, um ein paar hübsche Miezen aufzugabeln? Er hat das Ganze bis ins Detail durchgeplant: falsche Koffer, Hintergrundstory, perfektes Timing – der ganze Schnickschnack. Er gibt sich und Ted als internationale Geschäftsleute aus (obwohl Ted nicht einmal einen Anzug trägt und völlig lächerlich aussieht) und sie lernen im Handumdrehen zwei heiße Feger kennen. Anstatt in deren Betten landen sie dann allerdings in einem dunklen Verhörzimmer der Flughafenpolizei, weil sie aufgrund ihres falschen Gepäcks unter Terrorverdacht stehen. Das Bemerkenswerte an der Story ist, dass Barney nicht einmal während der Befragung durch die Sicherheitskräfte aus der Rolle fällt. Er beharrt auf seiner Story des internationalen Geschäftsmanns und weicht keinen Millimeter von seiner Einstellung ab. Das nenne ich Commitment! Das ist eisernes Durchhaltevermögen. Das ist ein Mann mit einer inneren Mission. Und du kannst es ebenfalls schaffen, eine derartig unbeugsame Einstellung zu entwickeln, wenn es um zukünftige Eroberungen geht. Du wirst zu einem Mann mit einer Mission werden. Darauf fahren die Mädels total ab.

Was gehört zur richtigen Einstellung?, wirst du dich fragen. Es gibt eine Szene in *Krieg der Sterne V: Das Imperium schlägt zurück*, die das Ganze genau auf den Punkt bringt. Als Han Solo auf Bespin in Carbonit eingefroren wird, ruft ihm Leia zu: »Han, ich liebe dich!« Er sieht sie nur mit stolzem Blick an und erwidert: »Ich weiß!«

Exakt diese Einstellung legt Barney an den Tag, wenn er auf Bräutefang geht. Er zeigt sich männlich, selbstbewusst und stellt sich auf gar keinen Fall auch nur das kleinste bisschen infrage. Nie. Und das ist eine Tatsache. Er vertraut sich und seinen Fähigkeiten blind. Schließlich hat er jede nur erdenkliche Situation des zwischenmenschlichen Bereichs schon mindestens einmal erlebt. Deshalb weiß er, dass er jede noch so aussichtslos scheinende Lage mit Schlagfertigkeit und Wortwitz zu seinen Gunsten umgestalten kann. Er zeigt den Mädels dieser Welt, dass er der dickste Fisch im Becken ist. Er gibt sich so galant, charmant, witzig und verführerisch, dass aus dem Funken der Begierde im Schoße seiner Auserwählten schnell ein prasselndes Feuer der Lust wird. Wenn er auf der New Yorker Fashion Week ein knapp bekleidetes Unterwäschemodel (ganz klare Zehn) anspricht, zieht er die Möglichkeit des Scheiterns gar nicht in Betracht. Selbstverständlich will sie ihn genauso, wie er sie will. Vielleicht muss er sie davon noch überzeugen, aber der Brocules der Verführung holt sich immer das Ja.

> **BROXPERTISE:**
>
> Zwischendurch noch eine traurige Tatsache des Lebens: Viele wunderschöne Frauen werden überhaupt nicht angesprochen, weil den meisten Jungs der Mut dazu fehlt. Wenn dann ein eloquenter, gut aussehender Supertyp wie Barney um die Ecke schlendert und eine Frau mit seinem ersten frechen Kommentar schon zum Kichern bringt, schmilzt ihr üblicher Widerstand dahin wie eine Kugel Schokoladeneis im finnischen Dampfbad. Wenn er dann auch noch unmissverständlich ausstrahlt, dass er sie zwar haben will, sie sich das aber erst verdienen muss, macht er damit glasklar, wer der Chef im Ring ist, und sie wird sich kaum noch zurückhalten können.

Die Mission

Um zu verstehen, wie du zur richtigen Einstellung kommst, musst du erst einmal ein paar grundlegende Dinge kapieren. Als Erstes wäre da die Mission. Klingt erst einmal komisch, ist aber wichtig. Also Augenkontakt jetzt! Du brauchst etwas in deinem Leben, das dir wichtiger ist als die großartigste Frau. Das kann ein geiles, adrenalingeladenes Hobby wie Lasertag, die Leidenschaft für ein Musikinstrument, Entwicklungshilfe bei Ärzte ohne Grenzen oder auch so etwas Profanes wie deine Brofession sein. In Barneys Fall ist es einfach alles, was ihn den rosa Spitzenschlüpfern der russischen Ballerina da drüben an der Theke näherbringt. Was zählt, ist lediglich die Botschaft, die die Frau erhält. Wenn sie sieht, dass ein Kerl eine Mission, also ein höheres Ziel in seinem Leben, verfolgt, dem er sich voll und ganz widmet, steigt sein Wert in ihren Augen erheblich. Wenn er das auch noch voller Begeisterung mit dem berühmten Glänzen in den Augen rüberbringt, hat er fast schon gewonnen. Sie erkennt dadurch nämlich, dass er sich zwar für sie interessiert, aber nicht von ihr abhängig ist, schließlich hat sein Leben auch ohne sie einen Inhalt. Diese Erkenntnis ist während des Verführungsprozesses entscheidend. Unterbewusst wird eine Frau einen solchen Kerl nämlich als Alphawolf wahrnehmen und registrieren, dass er sich nicht von ihr kontrollieren lässt. Das wiederum wirkt unglaublich anziehend auf sie. Als Tausendsassa und Kosmopolit von Weltformat hat Barney natürlich mehr als nur eine große Leidenschaft, mehr als nur eine Mission. Er hilft sowohl bedürftigen Kindern in afrikanischen Krisengebieten als auch ausgesetzten Hunden im Stadtgebiet von New York. Die Liste seiner höheren Ziele ist mindestens so lang wie die seiner Eroberungen. Aber wenn es darum geht, genießt ein Gentleman bekanntermaßen und schweigt. (Es sind 236!!!)

Männliches Selbstverständnis

Neben der Mission ist das männliche Selbstverständnis entscheidend. Während der Eroberung tritt Barney auf wie der Inbegriff des Mannes. Er denkt, spricht und lebt wie ein Mann. Er traut sich, ein echter Kerl zu sein, und hat das moderne Betaleben in der Grauzone zwischen X- und Y-Chromosom schon längst hinter sich gelassen. Wann immer ihm eine flotte Sahneschnitte mit zwei großen runden Kirschen (ich spreche von einer absoluten Gourmetfrau) an ihm vorbeigeht, fackelt er nicht lange und stürzt sich Kopf voraus in ein sexuelles Abenteuer. Er zweifelt nicht an sich, Gedanken an Scheitern oder Peinlichkeit kommen nicht am Türsteher seines Gehirns vorbei. Wo bei anderen Menschen die Schamdrüse sitzt, hat er zusätzlich noch eine Ich-find's-scharf-Drüse. Wahre Geschichte!

Die richtige Einstellung ist aber auch Barney nicht einfach zuge-flogen. Sein Erfolg beim schönen Geschlecht sowie sein Erfolg in den anderen Bereichen des Lebens haben eine gigantische Menge Selbstver-trauen aufgebaut. Es bräuchte schon eine ausgewachsene Yips-Attacke[2], um Barnabus Maximus Stinson heute noch zittrige Knie zu verursa-chen.

Na toll, wirst du jetzt sagen. Du hast kaum den Mut, eine Frau anzusprechen, wie sollst du dann Selbstbewusstsein aus deinen Erobe-rungen ziehen? Eine Instantlösung in Form von Selbstbewusstsein in Dosen gibt es bisher noch nicht, aber keine Bange. Rom ist auch nicht an einem Tag erbaut worden. Du wirst dir anfangs eben kleine Ziele stecken müssen. Schon allein, dass du bereit bist, deinen Hintern vom bequemen Sofa zu heben, kannst du als ersten kleinen Erfolg verbu-chen. In Kapitel 2 unter »Dein Inneres« zeige ich dir verschiedene Me-thoden, mit denen du an deinem Selbstbewusstsein arbeiten und es in wenigen Wochen erheblich steigern kannst.

---

2   Unerklärlicher Verlust des Selbstbewusstseins

Zur richtigen Einstellung – oft wird auch von Frame gesprochen – gehört allerdings noch mehr. Das Tolle an der heutigen Zeit ist, dass du sein kannst, wer du willst. Du kannst dich praktisch jeden Tag neu erfinden. Vor allem in einer Großstadt, in der es von süßen Miezen nur so wimmelt. Barney betritt eine Bar mit der Einstellung: *Ich bin der Größte. Alles, was ich mache, ist super. Die Torten hier drin liegen mir zu Füßen. Ich entschuldige mich für nichts.* Diese Einstellung ist ihm so in Fleisch und Blut übergegangen, dass jede Frau in seiner Nähe eine unverschämt männliche Ausstrahlung wahrnimmt und auf einmal ganz wuschig wird. Je nachdem, auf was für ein Kaliber er es gerade abgesehen hat, kann Barney seine Einstellung blitzschnell an die Gegebenheiten anpassen. Sollte die sexy Rothaarige im strengen Businessanzug sich als intellektuelle Romantikerin entpuppen, kann er problemlos zum Frame des belesenen Altphilologen übergehen. Wenn sie auf Football steht … also hör mal, Alter! Barney Stinson *ist* Football. Stellt er fest, dass er es mit einer frankophilen Weinliebhaberin zu tun hat, die nur von Flaubert und Monet faselt, gibt er ihr die Zitronenklauselkarte und überlässt sie Ted. Der hat Erfahrung mit Kastration.

Grundsätzlich ist davon abzuraten, während einer Verführung den Frame zu wechseln. Die Frau wird es merken und dich für einen unreifen Spinner halten, der selbst nicht so recht weiß, was er will. Wieder mal ein Lustkiller. Also tu das nicht. Wenn Barney das macht, ist das etwas völlig anderes. Er hat einen Doktortitel in Menschenkenntnis und quasi den schwarzen Gürtel in Sachen unbemerktem Framewechsel, doch dafür braucht man Jahre eisenharten Trainings. Für den Anfang solltest du dich also für eine Einstellung entscheiden und auch dabei bleiben.

Dominanz

*D*ominantes Auftreten ist eine weitere von Barneys legendären Eigenschaften, die für den Verführungsprozess unverzichtbar sind. Wie du wahrscheinlich schon vermutest, ist die Dominanz eines Mannes eng mit seinem Selbstbewusstsein verknüpft. Ein sehr selbstbewusster Mann tut sich natürlich viel leichter, dominant aufzutreten. Für Barney ist Dominanz wie eine zweite Haut. Wenn er morgens aufsteht und seinen schwarzen Zweireiher anlegt, schlüpft er gleichzeitig auch in die Rolle des dominanten, bestimmten Supertypen.

Ich habe vorhin schon die Technik des Cocky & Funny erwähnt. Zusammen mit der viel zitierten Methode des Push & Pull und dem sogenannten Freeze Out bietet sich dem ultrascharfen Hammertypen damit ein Arsenal an versteckten Dominanzhandlungen, das aus Barney »Amor« Stinsons Köcher der Verführung nicht wegzudenken ist.

Zwei Schritte vor und einer zurück

Push & Pull ist eine weitverbreitete und sehr effektive Methode, sich bei den flotten Hasen interessant zu machen. Barney geht dabei folgendermaßen vor: Nach dem Erstkontakt plaudert er erst einmal ein wenig mit ihr. Er erzählt von seinen vier Nobelpreisen und seiner Liebe zu niedlichen Hunden, würzt das Ganze aber immer wieder mit kleinen

Sticheleien. Er schenkt der süßen Architekturstudentin seine Aufmerksamkeit, bringt sie zum Lachen, hört ihr aufmerksam zu (Pull) und dann auf einmal, wenn sie das Gefühl hat, sie würden sich richtig gut verstehen, sagt er etwas wie: »Ich finde Architektur stinklangweilig! Wenn ich nicht schlafen kann, rufe ich meinen Kumpel Ted an, damit er mir etwas über Spätgotik erzählt. Keine Sekunde später schlummere ich tief und fest in meinen samtweichen Laken.«

Dieser Teil bildet das Push, er stößt sie also wieder von sich, nachdem er sie zuvor zu sich hergezogen hat. Im übertragenen Sinn natürlich. Das Kuriose an dieser Vorgehensweise ist der Vorgang, der im Unterbewusstsein des Mädchens einsetzt. Zuerst zeigt Barney ihr, wie toll er sie findet, macht ihr Komplimente und lacht über ihre Witze. Er füttert sie also quasi mit positiven Emotionen. Wenn er dann ins Gegenteil umschwenkt und sie spüren lässt, dass sie so umwerfend nun auch wieder nicht ist, kommen bei ihr logischerweise negativ geprägte Signale an. Diesem Wechselbad der Gefühle setzt Barney seine Zielperson wiederholt aus, bis sie nicht mehr weiß, wo ihr der Kopf steht.

Barney hat schon früh herausgefunden, wie er diese Unterschiede der Geschlechter für seine Zwecke nutzen kann. Mit der Technik des Push & Pull versorgt er seine Auserkorene konstant mit Gefühlen. Ob die jetzt gut oder schlecht sind, ist dabei gar nicht so wichtig. Was zählt, ist einzig der Pfad, auf den Barney die hübsche Studentin locken will. Mit dieser Methode gelingt es ihm nämlich, sie völlig auf die Gefühlsebene zu führen. Genau da will er sie haben, denn ohne Gefühle keine Amore. So einfach ist das.

Noch mal im Klartext: Solange die Frau dich nicht mit starken Emotionen in Verbindung bringt, wird ihre Schatzkiste für dich dauerhaft geschlossen bleiben. Schaffst du es aber, ihrer Gefühlsorgel die richtigen Töne zu entlocken, ist die Bahn frei und ihre Unterwäsche wird schon in Kürze in deiner gesamten Wohnung verstreut sein. Dennoch achtet Barney sorgfältig darauf, den Bogen nicht zu überspannen.

Wütender Sex hat zwar seine guten Seiten, aber wer es mit dem Push übertreibt, steht auch schnell allein da. Deswegen sage ich es noch mal: Barney beleidigt Frauen nicht, er neckt sie. Und genau daran solltest du dich auch halten.

STEINZEITNEWS:

Harte Fakten aus einer harten Zeit

Frauen sind wahre Emotionsjunkies. Sie leben von, mit und durch ihre Gefühle. Die Erklärung dafür findet sich wieder mal in der Frühgeschichte unserer Spezies. Als der Steinzeitbarney noch mit seinen Fell tragenden Bros zur großen Jagd auszog, blieben die Frauen zu Hause und flickten alte Felle, hüteten die Kleinen und verbrachten natürlich viel Zeit damit, zusammenzusitzen und über ihren starken Anführer zu gackern. Sie lebten also die meiste Zeit in einer Gemeinschaft aus Frauen und Kindern. Sie waren nicht für die Jagd und den Schutz der Sippe zuständig. Aggressive, dominante Eigenschaften, wie sie die Männer für die Jagd brauchten, hätten der Gruppe mehr geschadet als genutzt. Sie mussten zusammenhalten, gemeinsam die Kinder aufziehen und waren allgemein harmoniebedürftiger als die Steinzeitkerle. Schließlich waren sie von der Gemeinschaft auch in höherem Maß abhängig als die Männer. So kam es, dass sie sich stärker in die emotionale Richtung entwickelten. Bei den Vertretern des starken Geschlechts hingegen sorgte die Evolution für die Herausbildung der männlichen Logik. Diese zwei gegensätzlichen Konzepte sorgen bekanntermaßen auch heute noch für viel Reibung und Konfliktpotenzial im Zusammenleben von Männlein und Weiblein.

Schick sie auf die Reservebank

Jetzt zum Freeze Out. Oft quatscht Barney einfach so ein flottes Bienchen an, ulkt ein bisschen mit ihr herum und lässt sie dann unter einem Vorwand stehen. Damit hält er sich an die Regel »Nach dem Erstkontakt kommt die Ignorierphase«. Nachdem er zuerst Interesse gezeigt hat, entzieht er ihr seine Aufmerksamkeit. Dann fängt sie natürlich an zu grübeln. *Warum tut er das? Findet er mich vielleicht gar nicht toll? Habe ich was falsch gemacht?* Diese und noch viele weitere unangenehme Fragen werden ihre Gedankengänge verstopfen, bis sie ganz verwirrt ist und schon ordentlich sexuelle Spannung aufgebaut hat. Es ist doch immer dasselbe Lied. Nichts ist anziehender als etwas, das wir nicht kriegen können. Barney hat das in zahlreichen veröffentlichten Studien und Experimenten unter Beweis gestellt. Ich bin geneigt zu sagen, dass dieses Paradoxon bei Frauen sogar noch stärker ausgeprägt ist als bei Männern. Aus diesem Grund ist das Freeze Out auch so ein mächtiges Werkzeug. Barney brilliert in dieser Disziplin so sehr, dass die scharfen Hühner ihn unterbewusst regelrecht zu vermissen beginnen. Das ist der Zeitpunkt, an dem er sich ihnen mit breitem Lächeln und einem spitzbübischen Spruch auf den Lippen wieder nähert. Und dann dauert es meist nicht mehr lange. Statistisch gesehen braucht Barney für eine durchschnittliche Verführung genauso lang wie ein sizilianischer Pizzabäcker für eine Calzone. Echt wahr!

Brolymp oder Mittelmäßigkeit?

Diese drei dominanten Verführungskniffe haben alle noch einen zusätzlichen Effekt: Sie zeigen der Süßen, die Barney gerade um den Finger wickelt, dass er nicht von ihr abhängig ist. Er kann sich aus der endlosen Fülle hinreißender Zuckerstückchen jedes x-beliebige aussuchen. Zumindest vermitteln das seine Haltung und sein Auftreten der Damenwelt. Auf Frauen wirkt das unglaublich stark. Klingt vielleicht ein wenig schizophren, aber das sind 100 Prozent kugelsichere Fakten. Eigentlich will jede Frau uns tolle Typen unter ihre Knute bringen und uns sagen, wo es langgeht. Sollte sie das schaffen, löst sich ihr anfängliches sexuelles Verlangen allerdings ruckzuck in Dampf auf, den man nicht mal mehr zum Milchaufschäumen verwenden kann. Du darfst ihr niemals in die Pantoffelfalle gehen und dich unter ihre Herrschaft begeben. Nicht einmal, wenn sie einen magischen Unterleib hat. Obwohl … Nein! Nicht einmal dann! Tust du es dennoch, wirst du in ihren Augen binnen eines Lidschlags vom Brolymp der Sexiness in den Hades der Mittelmäßigkeit katapultiert. Und gerade dort willst du ja raus.

Zu dominantem Auftreten gehört freilich noch mehr. Nehmen wir Barney mal wieder genauer unter die Lupe: Er zeigt niemals Scheu oder Angst, lacht und spricht laut, selbst wenn viele Leute anwesend sind, und eine Herausforderung ist für the Barnacle immer eine willkommene Abwechslung. Er vertritt seine Meinung standhaft, auch wenn er damit ganz allein dasteht, und lässt sich nicht von Teds Softyratschlägen einwickeln. Er ist unglaublich unabhängig, was ihn immun gegen Manipulation macht. Niemals würde er sich von einer einzigen Frau abhängig machen (selbst wenn ihm eine monogame Beziehung nicht mehr ganz so lächerlich erscheint wie früher) und somit zum Ziel ihrer Manipulationsversuche werden. Er geht offen mit seiner Sexualität um. Das heißt nicht, dass er beim Brunch sein Teil rausholt. Auch wenn jeder von uns den Wunsch schon einmal verspürt hat, der kleine Barney bleibt in so einer Situation brav in der Hose. Er spricht jedoch ganz offen und entspannt darüber.

Dieser lockere Umgang mit seiner Sexualität ist nicht nur Ausdruck von Selbstvertrauen und Dominanz, er bestätigt auch noch Barneys hohen Status. Er macht keinen Hehl daraus, dass er ständig neue Schönheiten aus aller Herren Länder kennenlernt und sich mit ihnen amourösen Eskapaden hingibt. Details behält er jedoch für sich. Im

Traum käme er nicht darauf, sein Interesse auf eine einzige Frau zu beschränken. Ein solches Verhalten wäre ohnehin kontraproduktiv, da es der Frau nur Abhängigkeit signalisiert, und das ist der absolute Lustkiller. Warum das so ist, erkläre ich dir später in Kapitel 2 unter »Dein Wissen über Frauen«.

Dominanz setzt sich durch

Barneys Dominanz lässt sich hervorragend in der Gruppe beobachten. Er tritt als unangefochtener Anführer auf und bleibt dabei. Selbst wenn Marshall, Lily, Ted und Robin ihn einmal nicht sofort ernst nehmen, setzt er sich letzten Endes doch durch und sie gehen alle zusammen in den »Lüsternen Leoparden«, wo sie Dollarnoten zwischen ein paar Megahupen stecken. Er spricht laut und betont, sodass die Anwesenden ihm automatisch Gehör schenken. Besonders deutlich wird die Bedeutung eines Supertypen als Gruppenführer, wenn er mal nicht da sein sollte. Die anderen sitzen dann gelangweilt herum und wissen nicht so recht, was sie mit dem Abend anfangen sollen. Sie sind ganz klar führungslos.

Als dominantem Platzhirsch ist Barney im Umgang mit Frauen eines kristallklar: Der Mann trifft die Entscheidungen. Ganz egal, ob er sie gerade erst angesprochen hat oder sie sich zu einem schnellen Nümmerchen treffen. Barney gibt den Ton an. Vom ersten Augenblick an läuft das Spiel nach seinen Regeln. Er zieht seine nichts ahnende Beute in seine Welt, sie wird Teil seines Kosmos. Das wirklich Erstaunliche daran ist, dass das Frauen Spaß macht. Sie begeben sich gern in die Welt eines tollen Hengstes und lieben es, nach seinen Regeln und Vorstellungen zu spielen. Es ist also Barney, der die Entscheidungen trifft. Er legt fest, wo und wann sie sich treffen, sucht das Restaurant aus, den Kinofilm oder auch die Broper-Vorführung. Wenn er sie von ihren Freundinnen loseisen will, nimmt er sie wie selbstverständlich an der Hand und entführt sie in ein ruhigeres Eckchen. Er entbindet das scharfe Luder damit von ihrer Verantwortung und nimmt ihr gleichzeitig das ungute Gefühl, unter Beobachtung zu stehen. Es fällt ihr leicht zu denken: »Oh, es ist ganz einfach passiert. Er war so männlich und anziehend, ich konnte gar nicht anders.« Ja, solche Gedanken flitzen durch weibliche Hirnwindungen, deshalb ist Dominanz auch so wichtig.

Frauen unterwerfen sich immer noch in hohem Maß den gesellschaftlichen Konventionen und Erwartungen. Das Bild der Schlampe ist in unserer Gesellschaft leider nach wie vor weitverbreitet und setzt Frauen gehörig unter Druck. Sie wollen einfach keines dieser leichten Mädchen für eine Nacht sein, selbst wenn sie wirklich Bock auf verschwitzten Hammersex mit einem Supertypen wie Don Barnabus haben. Deshalb geht die Initiative so gut wie nie von Frauen aus. Bei 100 von Barneys Verführungen war höchstens eine halbe dabei, bei der sie den ersten Schritt gemacht hat. Warte also nicht darauf, dass sie auf dich zugeht. Das ist dein Job. Sobald du ein wenig Übung und Erfahrung gesammelt hast, wirst du merken: Mädels anzubraten macht Spaß und ist kein bisschen peinlich. Überhaupt entsteht Peinlichkeit nur dann, wenn du sie zulässt. Also bleib ganz locker.

Ich bin hier der King

Barney hat schon lange erkannt, dass ein Mann seine Stärken nutzen muss. Und die liegen nun mal im selbstbewussten, lockeren Auftreten, das sofort vermittelt: »Ich bin hier der King, und wenn du artig bist, werden wir beide heute noch eine Menge Spaß haben.« Es ist also nicht nur okay, als Mann aufzutreten, sondern vielmehr unerlässlich, wenn du es im größten Spiel des Planeten zu etwas bringen willst.

Genauso wie Selbstbewusstsein, Unabhängigkeit und Führungsqualitäten gehören Berührungen zu Barneys Repertoire. Ich habe die

Macht der Berührung bereits erwähnt, aber man kann gar nicht genug betonen, wie enorm wichtig sie für die Eroberung sind. Das beschränkt sich aber nicht nur auf Frauen. Ein echter Spitzenkerl mit Alphaqualitäten berührt nicht bloß das Kleinod seiner Begierde, sondern auch seine Freunde und Bekannten, ja sogar völlig Fremde. Berührungen sind in gewisser Weise die Visitenkarte des Anführers. Mit seinem gesellschaftlichen Status darf Barney alle anfassen, also tut er das auch. Allerdings ist Vorsicht geboten. Auch wenn Barney seinen Bros und anderen Kerlen High-Fives gibt oder sie sich Faust-an-Faust begrüßen, sind enge Berührungen undenkbar. Denk an Artikel 44 des *Bro Codes*: Ein Bro reibt einen anderen Bro niemals mit Sonnencreme ein. Fast noch wichtiger ist Artikel 77:

Bros nehmen sich niemals in den Arm.

Also keine Intimitäten, Freundchen, wir wollen ja nicht, dass die Signale am anderen Ufer ankommen. Ich spreche natürlich vom brolischen Schulterschlag. Der ist was für lässige Kerle. Er steht für Alphaverhalten und zeugt von hohem Status.

Damit sind wir auch gleich schon beim nächsten Thema.

Dominante Körpersprache

Barney scheint immer völlig cool zu sein. Er wirkt entspannt und ruhig, hält sich gerade, wenn er steht. Im Sitzen relaxt er zurückgelehnt. Er klemmt sich nicht zwischen zwei Bros auf ein enges Sofa, sondern nimmt sich den Platz, den er braucht. Auch Berührungen machen ihm nichts aus. Körperkontakt mit anderen Menschen ist sein täglich Brot (vor allem mit Perfect-Tens unter der Bettdecke). Sein Blick durchstreift aufmerksam den Raum, er sucht den Augenkontakt seiner Mitmenschen.

Er gibt sich stets offen, aufnahmefähig und hält bei einer Unterhaltung Blickkontakt. Es ist unglaublich, wie viele Menschen den Blickkontakt vernachlässigen oder sogar vermeiden. Als ausgebildeter Navy-Kampfpilot weiß Barney jedoch nur zu gut, wie überlebenswichtig wohldosierter Augenkontakt ist. Bei Ladehemmungen seines Maschinengewehrs hat er feindliche Piloten schon in Sekundenbruchteilen niedergestarrt, woraufhin sie an der nächsten Bergflanke in einem krachenden Feuerball vergangen sind. Doch bleiben wir lieber auf der Sonnenseite des Lebens.

Ein intensives, gefühlsbetontes Gespräch wird durch starken Blickkontakt nur noch intensiver. Die unergründliche Tiefe von Barneys blauen Augen zieht die Frauen reihenweise in ihren Bann. Souveräner, selbstbewusster Blickkontakt leistet unbezahlbare Überzeugungsarbeit während einer Verführung.

Barneys Gesprächskünste leben zu großen Teilen von seiner lebhaften Gestik und Mimik. Er schmückt Geschichten aus und verleiht ihnen mit der entsprechenden Mimik Leben. Wichtige Passagen hebt er mit weit ausholenden Gesten hervor. Wenn andere sprechen, gibt er ihnen starkes Feedback. Das kann eine High-Five für Teds gelungenen Aufriss, ein bestätigendes Nicken für Marshalls starken Vortrag oder auch ein Lachen wegen Robins kanadischer Abstammung sein. Du siehst schon, Grenzen gibt es da keine, nur die, die du dir selbst setzt. Und so etwas tun wir ja ab heute nicht mehr. Was hast du ganz am Anfang gelesen? Richtig! In Sachen Erfolg gibt es kein Limit. Mach dir das zu deinem Leitsatz.

Sexuelle Anziehung entsteht in den Tiefen des Unterbewusstseins

In Zusammenhang mit Dominanz ist auch oft von erfolgreichem oder positivem Egoismus die Rede. Um dieses Konzept zu verstehen, musst du dir Folgendes klarmachen: Die Gesetze der sexuellen Anziehung beruhen nicht auf Vernunft oder rationalen Entscheidungen. Sexuelle Anziehung entsteht in den dunklen Tiefen des Unterbewusstseins. Wenn du mal versuchst zu benennen, warum genau diese oder jene Frau für dich interessant ist, wirst du schnell verstehen, was ich meine. Oft fällt es uns schwerer, als wir es für möglich halten, zu begründen, worin die sexuelle Anziehung jetzt genau liegt. Wir Männer befinden uns da noch auf der einfachen Seite. Sobald wir uns einem absoluten Hochgeschwindigkeitsgeschoss gegenübersehen, finden wir sie sexuell attraktiv. Sieht scharf aus, will ich haben. So ungefähr funktioniert das bei uns. Im Falle der Frau ist das Ganze aber schon viel komplizierter. Sie fällt die Entscheidung, ob sie mit einem Typen die Nacht verbringt, fast ausschließlich aufgrund unterbewusster Vorgänge. Wenn ihr Unterbewusstsein vollständig von deiner Stellung als Supertyp überzeugt ist, wird sie mit dir ins Bett steigen. Ansonsten nicht. Der Weg in ihr Höschen führt also über ihr Unterbewusstsein, und das kann für den Ahnungslosen schon ein verdammt steiniger Weg sein.

BROXIS-TIPP:

Nutze den erfolgreichen Egoismus

Kein oder höchstens marginales Interesse wirkt auf Frauen. Wenn du die gelenkige Eiskunstläuferin da drüben erst einmal ignorierst, wirst du in ihren Augen viel attraktiver, als wenn du sie mit hilflosem Dackelblick anglotzt. In ihrem hübschen Köpfchen fängt dann der Apparat an zu rattern und sie beginnt, sich Fragen zu stellen. Warum beachtet er mich denn nicht? Ich habe mir doch solche Mühe mit meinem Outfit gegeben. Oder: Bin ich ihm nicht hübsch genug? Warum ignoriert er mich denn die ganze Zeit?

Barney beherrscht diese Taktik wie kein Zweiter und erzielt damit fantastische Erfolge. Er weiß genau, wie die weibliche Instinktebene arbeitet und wie man die scharfen Rettiche beeinflusst. Ihm ist auch klar, dass es weniger auf gutes Aussehen ankommt, sondern vielmehr um geballte Alphaqualitäten geht. Sein umwerfender Anblick ist dabei eher ein willkommener Bonus. Denn machen wir uns nichts vor: Auch wenn Frauen bei der Partnerwahl weniger auf Äußerlichkeiten fixiert sind als wir Männer, lassen sie sich natürlich lieber von einem braun gebrannten und durchtrainierten Halbgott durchs Schlafzimmer jagen als von einem grauen Durchschnitts-Ted.

Das Einzige, was dich bis heute davon abgehalten hat, ebenfalls wie ein geiler Supertyp aufzutreten, ist deine Angst. Die Angst, zu versagen, zu scheitern, zum Gespött zu werden. Barney hat sich schon vor Äonen von dieser hemmenden Kraft gelöst und jegliche Angst gegen Selbstbewusstsein, Mut und dominantes Auftreten eingetauscht. Außerdem hat er gelernt, dass Alphaverhalten eine Urkraft in sich darstellt und fernab von Moral und gesellschaftlichen Konventionen existiert. Er weiß, wie man diese Urkraft richtig nutzt und auf das instinktive Unterbewusstsein der anvisierten Miss Hawaii wirken lässt. Und schon geht die wilde Party los. Aber Vorsicht! Brophylaxe nicht vergessen!

The Barnacle begibt sich nicht in die Defensive

Natürlich läuft im Leben nicht immer alles reibungslos. Auch unter besten Bros gibt es schon einmal Streit und Probleme. Was macht Barney in so einer Situation? Als dominanter Spitzentyp fällt ihm die Aufgabe zu, etwaige Konflikte zu entschärfen. Er unterbricht die Streithähne entschlossen, verschafft sich auf unwiderstehliche Art und Weise Gehör und bringt alle wieder an einen Tisch.

Sollte er selbst einmal etwas verbockt haben, sieht er seinen Fehler ein und entschuldigt sich. Kann jedem passieren. Keine große Sache. Wird er jedoch zu Unrecht beschuldigt, wirst du niemals erleben, dass er in die Defensive geht. Im Falle eines persönlichen Angriffs geht er direkt zur verbalen Riposte über und entwaffnet sein Gegenüber mit Charme und Witz.

Vor allem Frauen kommen gern mit völlig absurden Vorwürfen daher. In Barneys Fall sorgen sie schon mal für eine Szene, weil er sie nach der gemeinsamen Nacht nicht mehr angerufen hat. Dabei ist doch völlig klar, dass das Barneys böser Zwilling Larney gewesen sein muss. Ständig zieht der solche Dinger durch, der üble Strolch. Für Barney ist dann natürlich der Zeitpunkt gekommen, die verheulte Schönheit zu trösten. Und was heilt ein gebrochenes Herz schneller als ein heißes Nümmerchen? In Konfliktsituationen sind Barneys bevorzugte Waffen Humor und Ironie. Damit konnte er bisher noch jeder Furie den Wind aus den Segeln nehmen. Dass ein echter Supertyp heutzutage auf Gewalt verzichtet, ja sie sogar verabscheut, brauche ich an dieser Stelle hoffentlich nicht extra zu erwähnen.

Neugier

Welche Frauen sind denn nun die schärfsten, die geilsten, die erotischsten? Blond, braun, schwarz oder rot? Sind es die großen, schlanken mit langen Beinen oder die süßen kleinen Hüpfer? Barney hat da ein klares Ranking. Angeführt wird es von Halbasiatinnen, dicht gefolgt von Libanesinnen. Allerdings waren auch die Libanesinnen schon mal auf Platz 1. Das Ganze ist also kein starres Konstrukt, sondern eher ein dynamisches System. Als unangefochtener Weltmeister an der Beinpresse ist Barney ja auch ein unfassbar dynamischer Typ. Seine Vorlieben sind also nie endgültig festgelegt. Obwohl er weit gereist ist, hat nicht einmal El Barnerino es bisher geschafft, seine Duftmarke in jedem Winkel dieser Welt zu hinterlassen. Wer weiß, vielleicht gibt es ja noch viel schönere, viel heißere und schärfere Mäuschen als die Halbasiatinnen? Von den Lettinnen und auch aus Georgien hört man ja ganz wilde Geschichten, ebenso aus Brasilien oder Kolumbien. Die Erde ist einfach zu groß und bietet Platz für so viele Sexgöttinnen, an denen man sich die Finger verbrennen könnte, da wäre ein endgültiges Ranking völliger Humbug. Irgendwann wird Barney sie alle finden und verführen, doch bis dahin bleibt seine Neugier ungesättigt. Er ist ständig auf der Suche nach neuen spannenden, exotischen Herausforderungen. Ted muss einen Kommentar noch nicht einmal besonders ernst meinen, da sieht Barney schon einen neuen Gipfel, den es zu erstürmen gilt. »Herausforderung angenommen«, heißt es dann, und er wird nicht eher ruhen, bis er sie gemeistert hat.

Wenn man Reinhold Messner als König der Bergsteiger sieht, dann ist Barney der Kaiser der Besteiger. Sobald er eine verlockende Grazie erspäht, holt er Eispickel, Steigeisen und Seil hervor, um ihre Nordwand in neuer Rekordzeit zu erklimmen. Und wenn noch irgendein hoffnungsloser Amateur großspurig behauptet: »Das schaffst du nie!« Na, umso besser! Im Angesicht des besiegten Zweiflers schmeckt der Triumph gleich noch viel süßer.

Barneys Neugier ist an sich völlig normal. Die meisten Flanellhemdträger unserer Zeit spüren sie genauso, nur trauen sie sich nicht, sie zu stillen. Dabei ist es die Neugier, die Barney immer wieder von Neuem auf die Straße, in die Bar, an den Flughafen oder in den nächsten Supermarkt treibt. Vom schönen Geschlecht bekommt er nie genug. Vor allem nicht bei Körbchengröße Doppel-D. Der naive Beobachter und chronische Masturbierer denkt jetzt sicher: »Quatsch, Blödsinn, Mumpitz! Als ob die Ladys auf einen Typen abfahren, der einer männlichen Schlampe gleichkommt.« – Weit gefehlt, Brollege! Genau auf diesen Typen fahren sie ab. Sie denken dann: »Wenn die ganzen anderen Mädels ihn toll finden, muss ja wirklich was an ihm dran sein.« Noch viel stärker verspüren sie allerdings den Wunsch, den »bösen« Aufreißer zu bekehren. Sie wollen ihm zeigen, dass sie die einzig wahre Frau für ihn sind, und ihn unter ihre Kontrolle bringen.

Aber davon einmal ganz abgesehen gibt es so etwas wie eine männliche Schlampe gar nicht. Auch für Frauen ist das ein Pfui-Wort, das du dir umgehend abgewöhnen musst. Eine Dame, die gesellschaftlich als Flittchen verschrien ist, macht doch nichts weiter, als ihre Sexualität auszuleben. Damit brockt sie sich aber leider nur Neid und Missgunst ein, vor allem vonseiten ihrer Geschlechtsgenossinnen. Ziemlich fies, was? Aber so sind die Hühner eben manchmal drauf. Doch jetzt mal ehrlich: Wenn alle Frauen offen zu ihrer Sexualität stünden und sie frei auslebten, würde das dein Leben nicht viel interessanter und spaßiger machen? Jeden Tag 'ne Bett-Brolympiade mit einer neuen heißen Braut? Wäre das nicht der Hammer? Das wäre sogar legen… es kommt gleich …där!

Doch leider ist das nur eine realitätsferne Wunschvorstellung. Das Leben ist nämlich kein Süßigkeitenladen, sondern für die meisten ein heimtückisches postapokalyptisches Ödland. Wer sich nicht nimmt, was er will, bekommt höchstens heiße Luft. Aber deshalb sind wir ja hier. Wir machen dich zu einem wahren Usain Bolt in Sachen Verführung, damit auch du endlich mit deiner Goldmedaillensammlung anfangen kannst.

Wie bereits gesagt, ist es die Neugier, die Barney immer wieder aufs Neue zu Höchstleistungen auf dem Feld der Eroberungen anspornt. Er begibt sich leidenschaftlich gern in die Gesellschaft anderer und lernt daher ständig neue Leute kennen. Dabei ist er auch nicht oberflächlich oder nur an den schönen Menschen unserer Erde interessiert. Trifft er mal ein dickeres Mädchen, ermutigt er sie, ins Fitnessstudio zu gehen, um die überflüssigen Pfunde abzutrainieren. Er motiviert sie und coacht sie, damit auch sie einen Hintern bekommt, der zum Anbeißen ist. Bei wem jetzt die Sexismus-Alarmglocken schrillen, der ist ein unverbesserlicher Naivling. Was denkst du, was eine Frau lieber hätte?

A: einen Hintern wie ein Nilpferd,
oder doch eher
B: die Jessica-Alba-Variante?

Ich würde mein ganzes Geld, mein Apartment und alle meine Anzüge auf Antwort B setzen.

Doch Barneys Neugier beschränkt sich nicht auf die Bräute, mit denen Gott uns in seiner endlosen Güte beschenkt hat. Er lernt auch immer gerne neue Bros kennen, um mit ihnen einen lustigen Abend mit Whiskey und Zigarre zu verbringen. Man könnte es in einem Satz zusammenfassen: Barney hat einfach gerne Spaß. Und es ist nun mal so, dass man in Gesellschaft am meisten Spaß hat. Oder wie siehst du das? Wenn du an den besten, lustigsten, legendärsten Supertag in deinem Leben denkst, warst du da allein? Wohl kaum. Du hast ihn sicher mit deinen Freunden, einer tollen, scharfen Frau oder anderen Menschen verbracht, die dir wichtig sind. Hier liegt also der Knackpunkt. Wer sich gerne mit seinen Bros trifft, neue Leute kennenlernt und Spaß an Gesellschaft hat, der hat es leichter bei den Bräuten.

Barney geht jeden Tag aus, fehlt auf keiner Party und hat überhaupt keine Berührungsängste. Im Gegenteil, er ist interessiert und neugierig. Er will wissen, wer diese rassige Hispano-Amerikanerin in dem grünen Minikleid ist, die ihre Hüften so aufreizend auf der Tanzfläche kreisen lässt. Dafür ist ihm kein Berg zu hoch, kein Weg zu weit, kein Meer zu tief. Er geht einfach rüber, grinst sie frech an, tanzt ein bisschen mit ihr und ist mit einem Fingerschnippen um eine Telefonnummer reicher. Schon der edle Alexander der Broße wusste, dass man etwas wagen und zum richtigen Zeitpunkt in die Offensive gehen muss, sonst wird nichts aus dem Sieg. Die Neugier trieb ihn bis ins ferne Persien und auf der Suche nach immer exotischeren, noch leichter bekleideten Versuchungen unterwarf er fast die gesamte damals bekannte Welt. Er wollte neue Länder erkunden und die Rundungen ihrer Bewohnerinnen erforschen. Man kann ihn tatsächlich als antiken Bro betrachten, doch anders als er befriedigt Barney seine Neugier ganz ohne Feuer und Schwert. Obwohl, wenn ich es mir recht überlege, dann doch lieber mit Feuer und Schwert. Rein metaphorisch gesprochen natürlich!

Der Stinson'sche Drang nach Neuem geht so weit, dass Barney schon mal seine Freunde entführt, um sie aus dem Alltag zu reißen und einen total durchgeknallten Plan in die Tat umzusetzen. Er gestaltet seine Freizeit und die seiner Freunde kreativ und abwechslungsreich und sorgt damit für eine super Zeit. Wie genial ist denn bitte sein Theaterstück über das Wort »feucht«? Wer außer Barney hat sonst noch so überirdisch brillante Einfälle? Stimmt, höchstens Jesus. Oder vielleicht noch James Cameron. Das war's dann aber auch!

Deine Aufgabe für die Zukunft wird es also sein, eine gesunde Neugier zu kultivieren. Solltest du die schon haben, dann ist es höchste Zeit, sie auch auszuleben und die Süße aus der U-Bahn endlich anzusprechen. Dafür musst du deine Angst und Scheu loswerden. Wie du das konkret anstellst, erkläre ich dir später genauer.

Freundschaft

Schon der alte Brodysseus wusste: Ohne Freunde bist du verratzt. Auf seiner jahrzehntelangen Heimreise nach Ithaka war er lange in der Gesellschaft seiner treuen Gefährten und sie trotzten jeglichen Gefahren. Erst als sie zu dieser fiesen Meerenge kamen und seine Bros einer nach dem anderen von den garstigen Ungeheuern Skylla und Charybdis verschlungen wurden, musste er erfahren, wie hart das Leben ohne Freunde sein kann. Verglichen mit den Strapazen, die er nun völlig allein über sich ergehen lassen musste, kann man die Abenteuer, die er mit seinen Freunden erlebt hatte, als harmlosen Kinderfasching abtun. Stell dir nur mal vor, wenn er jetzt einer hübschen Altgriechin über den Weg läuft, hat er nicht mal einen Wingman, auf den er sich bei der Verführung verlassen kann. Das ist echt bitter.

Rufen wir uns einmal Artikel 101 des *Bro Codes* ins Gedächtnis. Da steht:

Bittet ein Bro einen anderen Bro, ein Geheimnis für sich zu behalten, dann nimmt dieser das Geheimnis mit ins Grab. Das ist der Unterschied zwischen einem Bro und einer Braut.

Hier muss ich natürlich noch Artikel 22 zitieren, um das Ganze ins rechte Licht zu rücken.

Es gibt keine Regel, die besagt, dass ein Bro nicht weiblich sein kann.

Worauf ich hinaus will, ist Folgendes: In einer echten Freundschaft kann sich der eine Bro auf den anderen verlassen.

Barney Stinson ehrt die Gebote der Freundschaft und sie sind ihm wichtiger als jede Braut. Er hat wahnsinnig viel Spaß mit seinen Freunden. Sie gehen zusammen Bier trinken, auf Partys, zum Lasertag und und, und. Was man eben unter Freunden so macht. Doch für Barney besteht Freundschaft nicht nur aus Spaß. In seinen Augen ist sie ein heiliges Band zwischen den Menschen, und dieses Band ist es wert, beschützt zu werden. Er schreckt daher nicht davor zurück, drastische Maßnahmen zu ergreifen, wenn das Wohl seiner Freunde auf dem Spiel steht. Dabei geht es ihm aber nicht darum, als toller Hengst rüberzukommen. Er macht das Ganze eher heimlich und im Verborgenen. Es ist ihm unangenehm, wenn doch ans Tageslicht kommt, wie sehr er sich für seine Freunde einsetzt.

Denk nur einmal daran, wie viel Wert er auf die Freundschaft mit Ted legt. Auch wenn er ihn ständig aufzieht und sogar mal etwas lächerlich macht, ist er immer für ihn da und betont bei jeder Gelegenheit, dass Ted Mosby sein bester Freund ist. Er liebt seine Freunde einfach und macht ihnen bei Gelegenheit geile Geschenke. Wer hätte nicht auch gerne einen original Indiana-Jones-Hut mit dazu passender Peitsche?

Noch deutlicher wird seine Einstellung zum Thema Freundschaft, als Lily Marshall verlässt und nach San Francisco zieht. Barney kann es einfach nicht ertragen mitanzusehen, wie Marshall wegen der Trennung vor die Hunde geht. Außerdem weiß er mit absoluter Sicherheit, dass die beiden füreinander bestimmt sind und Lily in Kalifornien nur scheinbar glücklich ist. Deshalb mischt er sich ein. Er fliegt nach San Francisco, drückt Lily ein Ticket nach New York in die Hand und redet ihr erfolgreich ins Gewissen. Er überzeugt sie, zurück in den Big Apple zu kommen und sich ihren geliebten Marshall zurückzuholen, bevor eine andere erkennt, was für ein Spitzentyp der ist. Schöne Geschichte, nicht wahr? Kullert dir ein Tränchen die Wange herunter? Hüte dich, Ja zu sagen, mein Lieber. Du weißt es genau:

Ein Bro weint niemals!

Was sagt uns das alles über Barney? Es zeigt uns, dass der männlichste aller Männer, der Muhammad Ali der Verführer, der frechste und liebenswerteste Supertyp nördlich des Äquators ein großes Herz hat. Er möchte seine Familie und seine Freunde glücklich sehen. Er will, dass ihre Wünsche in Erfüllung gehen, und hilft schon mal nach, wenn sie selbst zu lethargisch sind.

Letzten Endes ist sein Herz so groß, dass er sogar Kurs auf den Hafen der Ehe gesetzt und um Robins Hand angehalten hat. Selbst Barney sehnt sich also nach dem einen Menschen, der gleichzeitig die schärfste Braut in ganz New York und der coolste Whiskey schlürfende, Zigarren rauchende, Lasertag spielende Bro ist, den er sich nur wünschen kann. Doch halt, halt. Ganz langsam. Das soll jetzt nicht bedeuten, dass du dich nach der erstbesten Eroberung auf deinen Lorbeeren ausruhen und es dir in einer Beziehung gemütlich machen sollst. Zuerst einmal heißt es für dich: Hintern hoch, raus aus der warmen Bude und ab ins Getümmel. Wenn du die Werkzeuge des Verführers mit meisterhaftem Geschick anzuwenden weißt und auf eine Verführerkarriere zurückblicken kannst, die deine Bros vor Neid erblassen lässt, wenn du sicher bist, alles schon einmal gehört oder gesehen zu haben, wenn du wie ein guter Matrose von New York bis Hawaii, von Rio bis Casablanca, von Bangkok bis Melbourne in jedem Hafen dieser Welt zumindest ein hübsches Mädchen beglückt hast, dann, aber auch nur dann, darfst du anfangen, an dein letztes Play zu denken. Dann darfst du den *Robin* machen, aber überlege es dir gut. Die Welt ist voller heißer Bräute und scharfer Hasen, die nur darauf warten, einen Supertypen, wie du schon bald einer sein wirst, kennenzulernen. Du musst dir bei einer Frau wirklich sicher sein, bevor du den *Robin* machst. Deshalb heißt es für dich erst einmal: Rein in den Anzug! Marsch!

Wir sehen uns im nächsten Kapitel, in dem ich dir erkläre, wie du peu à peu zum echten Supertypen mit allen nötigen Alphaqualitäten wirst, der jeden Kniff und Trick, jede Flunkerei und jedes Husarenstück, jede Tour und Technik kennt, die er für die erfolgreiche Verführung braucht. So, das waren eine ganze Menge Infos fürs Erste. Ich brauche jetzt erst mal ein(e) kühle(s) Blonde(s) zur Entspannung.

2

Vorbereitung

---

*D*as waren fürs Erste genug Superfakten über einen Supertypen. Ich könnte wirklich noch stundenlang über Barneys umwerfendes Aussehen, seine Liebe zum Detail und seine vertrauenswürdige Art sprechen. Ja, ich finde, es ist eigentlich sogar an der Zeit, seiner Figur einen eigenen lyrischen Epos auf den Leib zu schreiben. Aber vielleicht in einem anderen Buch.

Jetzt kommen wir allmählich zum spannenden Teil. Wir kommen zu dir, Bro. Wenn du jetzt ein Kribbeln im Bauch spürst, ist das völlig normal. Das ist nur die Nervosität. Mach dir also deshalb nicht zu viele Gedanken. Du liest dieses Buch, weil dir etwas in deinem Leben nicht passt, weil du dich verändern willst, weil du endlich auch mal vom süßen Nektar einer rassigen Peruanerin, der verbotenen Frucht eines Pariser Laufstegmodels, dem blumigen Bouquet all der wunderschönen Klassefrauen da draußen kosten willst.

Du liest dieses Buch, weil du dir von Barneys Kuchen des Erfolgs ein Stückchen abschneiden willst, und das wirst du auch. Trotzdem macht dich das Ganze nervöser, als du gedacht hättest? Eine ganz natürliche Reaktion. Unser menschliches Ego hält nicht viel von Veränderung, ja es schreckt sogar davor zurück. Die meisten von uns leben in gewohnten Routinen, oft gleicht ein Tag dem anderen, ohne dass wir nennenswerte Fort- oder Rückschritte verbuchen können. Routine ist einerseits förderlich und wichtig für uns, denn sie strukturiert unser Leben. Sie kann auf der anderen Seite aber auch ganz schön hinderlich sein. Die englische Redewendung *He's stuck in a routine* (deutsch: Er ist in seiner Routine gefangen) hat durchaus seine Berechtigung. Vielen Menschen ergeht es heute so. Sie schuften von früh bis spät, um sich am Abend für den kommenden Arbeitstag zu erholen. Das Wochenende bietet eine kurze Abwechslung, es gewährt eine vorübergehende Flucht aus dem Trott des Alltags. Man spricht hier auch vom modernen Phänomen des Weekend Warriors, also dem Typ Mensch, der nur fürs Wochenende lebt. Die neue Woche zieht die Menschen dann aber bloß noch tiefer in ihre festen Bahnen. In Kombination mit dem unflexiblen menschlichen Ego macht das jegliche Veränderung umso komplizierter, je älter man wird.

Es stellt sich in diesem Zusammenhang zunächst die Frage: Wer bist du? Bist du schon ein legendärer Gewinnertyp und suchst lediglich nach ein bisschen neuem Material, das du für deine nächtlichen Streifzüge nutzen kannst? Oder zählst du doch eher zur Kategorie PC-gebräunter Schreibtischhengst, der sich im locker-leichten Umgang mit dem schönen Geschlecht immer noch entsetzlich schwertut? Vielleicht steckst du ja auch irgendwo in der Grauzone zwischen diesen zwei Extremen fest und weißt einfach nicht, wie du deine rudimentären Flirt- und Flachlegkünste verbessern kannst. Das Wichtigste ist, dass du an deiner Einstellung festhältst und wirklich etwas ändern willst. Hör nicht auf die destruktive Stimme des Egos in deinem Hinterkopf. Lerne, diese Stimme zu ignorieren. Sie hat keine Macht über dich, es sei denn, du lässt es zu.

Konfrontiert mit der Frage »Wer bist du?« wunderst du dich vielleicht erst einmal, was das denn soll. Natürlich weißt du, wer du bist, lautet die erste Reaktion. Wenn wir dem Kind dann aber einen Namen geben und konkrete Eigenschaften unserer Person nennen sollen, merken wir nur allzu schnell, dass die Frage doch nicht so leicht zu beantworten ist. Oft klaffen Selbst- und Fremdeinschätzung weit auseinander. Es wird klar, dass wir beim Bild unserer Persönlichkeit selbst den Pinsel in der Hand hatten. Genauer gesagt malt das menschliche Ego dieses Bild.

Du hast in deiner Glasvitrine jede Menge cooles *Star Wars*-Zeugs und vergleichst dich gerne mit dem mächtigen Jedi Luke Skywalker? Hast du denn wirklich dieselben oder zumindest ähnliche Charakterzüge oder redet dir dein Ego das nur ein? Du denkst, du wärst ein ziemlich lockerer Typ, der gern ausgeht und sich mit anderen amüsiert? Dann schreib doch mal auf, wie oft du dich wirklich unter Leute begibst und ob tatsächlich jeder Abend auf Tour immer so spaßig verläuft.

Mit der Erinnerung ist das nämlich so eine Sache. Sie wird vom Ego stark manipuliert und nach einiger Zeit sehen wir vieles durch die Nostalgiebrille. Soll heißen, wir schreiben das Logbuch unserer Erinnerung selbst, und zwar mit dem eigenen Ego als Federführer. Probier es einfach mal aus und schreibe ein paar Wochen lang Tagebuch. Wenn du glaubst, du hast genug Material, dann lies in deinen Aufzeichnungen nach und vergleiche sie mit deiner Erinnerung.

Wahrscheinlich wirst du feststellen müssen, dass sich deine Notizen nicht immer mit dem decken, wovon dein Ego dich überzeugen will. Vielleicht erinnerst du dich daran, dass du die ultrascharfe Spanierin im Unicafé beinahe angesprochen hättest, wenn nicht … Und genau da liegt der springende Punkt. Wenn nicht was? Hast du wirklich einen Grund gehabt? Ausreden zählen nicht. Ausreden sind ein gemeiner Mechanismus deines Egos, die dich vor peinlichen, neuen, fremden Situationen bewahren sollen. Das Ego will nicht raus aus seiner Komfortzone. Es hat sich über Jahre, vielleicht sogar Jahrzehnte so schön in deinem Oberstübchen eingerichtet, dass ihm der Besuch eines mentalen Innenarchitekten den kalten Schweiß aus den Poren treibt.

Sicherlich kennst du die Gedanken, mit denen dein Ego deine Ambitionen drosselt. Jeder Mann hat sie schon gehabt, und viel zu viele lassen sich leider von ihnen kontrollieren. *Ich würde sie ja ansprechen, aber irgendwie passt es gerade nicht. Vielleicht später. Ich hätte ja Hallo gesagt, aber dann kam da auf einmal dieser Typ. Wenn ich mein Bier ausgetrunken habe, gehe ich zu ihr rüber.* Alles Quatsch! Ich kenne diese Sätze selbst und auch Barney schwamm einmal im selben Ozean der Vorwände und Ausreden.

Im Zuge seiner persönlichen Evolution hat Barney das Wasser hinter sich gelassen, sich das Land mit all seinen schönen Bewohnerinnen untertan gemacht und ist nun eine lebende Legende. Und auch ich habe mein Leben dank seiner Hilfe umgekrempelt und meinen Erfolg bei den Hotties unseres Planeten um Lichtjahre nach vorn gepeitscht. Auch du wirst das schaffen. Wirklich wahr!

Deine erste Aufgabe wird es sein, eine ehrliche Bestandsaufnahme zu machen.

1. Wer bist du?
2. Wie siehst du aus?
3. Was ziehst du an?
4. Wie stehen die Dinge in puncto Körperhygiene?
5. Wie sind deine Haltung und Körpersprache?
6. Setzt du Gestik und Mimik gewinnbringend ein?
7. Worin liegen deine Stärken?
8. Was kannst du nicht so gut?
9. Wo siehst du Raum für Verbesserung?
10. Woran willst du arbeiten?
11. Was macht dir Spaß in deinem Leben?

Und so weiter und so weiter.

Der Schlüssel zum Erfolg liegt hier eindeutig in der Ehrlichkeit. Wenn du bei diesem Prozess nicht ehrlich zu dir selbst bist, kannst du es gleich ganz bleiben lassen. Viel zu viele Menschen belügen sich selbst, und darin steckt sehr oft die Ursache für die massive Unzufriedenheit, die sich in vielen Industrieländern breitmacht. Es wird uns nämlich leicht gemacht, nicht ganz ehrlich zu uns zu sein. Die Medien und die Werbeindustrie bombardieren uns tagtäglich mit völlig unhaltbaren Wirklichkeiten. Im Fernsehen und in der Werbung scheinen alle Darsteller einem Schönheitswettbewerb entsprungen zu sein. Perfekt ist gerade gut genug. Perfekte Haut. Perfektes Haar. Perfekter Hintern. Perfekte Zähne. Perfekte Kinder. Perfekter Vermögensplan. Perfekte Welt.

Dass ich nicht lache! Wir wissen alle, dass die Welt der Mattscheibe nicht der Wahrheit entspricht, und doch lassen wir uns ständig von ihr beeinflussen. Natürlich laufen da wieder viele Vorgänge unterbewusst ab. Ohne es zu merken, vergleichen wir uns andauernd mit den tollen

Hechten und den heißen Fegern aus Film und Fernsehen. Die scheinen ja dem Standard zu entsprechen. Da die wenigsten diesen übernatürlichen und auch einfach durch Photoshop und Make-up unrealistisch attraktiven Vorbildern auch nur nahekommen, bleiben vielen nur zwei Möglichkeiten.

1. Sie verzweifeln, weil sie fernab der scheinbaren Norm liegen.
2. Sie lügen sich in die Tasche und halten sich für ebenso toll, ohne wirklich daran zu glauben. Denn insgeheim weiß es jeder, wenn er sich etwas vormacht. Es haben nur die wenigsten den Mut, sich das auch einzugestehen.

Auch ich zählte früher zu einer dieser Kategorien. Je nachdem, worum es ging, einmal zur einen und mal zur anderen. Aber Don Barnabus Stinson in seiner nicht endenden Weisheit hat mir einen dritten Weg gezeigt. Durch knallharte, ehrliche Selbstanalyse und intensive Arbeit an meinem Selbstwertgefühl, Selbstvertrauen und meinem männlichen Selbstverständnis habe ich es geschafft, dieser Falle der Selbsttäuschung zu entfliehen, und im Nu wurde ich zum rotzfrechen, dominanten, witzigen Casanova, nach dem sich heute jede kesse Mieze umdreht. So, das waren verdammt viele Wörter mit »Selbst-« am Anfang. Muss ganz schön wichtig sein. Ist es auch! Es ist dein Leben. Wenn du es ändern willst, musst du es selbst in die Hand nehmen. Es liegt an dir allein. Nur du selbst hast die Macht, dich aus der Anonymität zu lösen und die legendäre Welt der Bros und Bräute zu deiner Welt zu machen. Dann bleibt mir nur noch zu sagen: Sattel die Pferde! Fangen wir an.

Dein Status

*E*in DiBiase-Anzug[3] mit Nadelstreifen aus Diamanten, ein Aston Martin Vanquish, reinrassige Araberhengste, schneeweiße zur Jagd abgerichtete Gerfalken, edelsteinbesetzte Chronografen aus Schweizer Handarbeit, Gold und Brillanten, all das sind bekanntlich Statussymbole, mit denen sich die Reichen und Schönen gerne schmücken und umgeben. In vielen Köpfen steckt die Überzeugung fest, dass man all diese Statussymbole oder zumindest ein paar davon braucht, um die knackigen Schönheiten der Damenwelt für sich zu gewinnen. Doch weit gefehlt, mein Lieber. Statussymbole und tatsächlicher Status müssen nicht unbedingt zusammenhängen. Du kannst in deiner Welt einen hohen Status genießen, ohne auch nur einen einzigen der erwähnten Gegenstände zu besitzen. Vermutlich ist aber dein Status innerhalb deiner Gruppe und deines sozialen Umfelds nicht der höchste. Das wollen wir ändern. Kein Grund, schwitzige Hände zu kriegen. Du musst dir dafür keine mit Diamanten verzierte Blattgolduhr ans Handgelenk schnallen. Ein Haarschnitt oder eine gründliche Stilberatung wären möglicherweise angebracht, doch dazu kommen wir noch.

Zuerst einmal musst du herausfinden, welchen Status du im Moment besitzt. Gibst du in deinem Freundeskreis den Ton an oder fügst du dich der Mehrheit? Suchen deine Bros deinen Rat oder bist du derjenige, der sie ständig um Tipps bittet? Sprechen deine Bros wie du oder schnappst du eher von ihnen den einen oder anderen coolen Ausdruck auf? Hinterlässt du deinen Stempel mit der Aufschrift »Le-

---

3   Das Edelste, was ein Mann tragen kann

gendär« oder prägen sie dich? Genießt du es, im Mittelpunkt zu stehen, deine Zuhörer mit einer saukomischen Story zu unterhalten, einem Haufen herausgeputzter Discofüchsinnen mit den spektakulären Erlebnissen aus deiner Zeit als professioneller Rennfahrer zu imponieren? Oder hältst du dich lieber schweigend an deinem Light-Bier fest und hoffst, dass dich niemand anspricht?

Eher auf der Soll- als auf der Habenseite? Nur die Ruhe. Wir fangen ja gerade erst an, dich richtig aufzupolieren. Dafür ist es einfach notwendig, die Wahrheit ans Tageslicht zu bringen. Nur so kannst du feststellen, was du ändern musst, um die steile Statusleiter der Gesellschaft Sprosse für Sprosse nach oben zu steigen. Mit Barneys Hilfe wirst du es schaffen. Denke an seine Worte: »Einfach alles ist vermöglichbar!«

Also Konzentration, bitte! Eine deiner Aufgaben für die kommenden Wochen ist es, deinen Status von »anonym« auf »legendär« voranzutreiben. Dazu musst du einen Mann aus dir machen. Und zwar einen unbeugsamen Typen, der Pistolenkugeln mit den Zähnen aus der Luft fängt und nicht schon den Schwanz einzieht, wenn er einen kühlen Wind am Näschen spürt. Für diese Verwandlung vom Nice Guy zum unaufhaltbaren Eroberer musst du eine dominante, selbstbewusste, charmante und witzige Seite an dir kultivieren. Das wird ganz sicher nicht über Nacht oder innerhalb weniger Tage geschehen. Du wirst hart an dir arbeiten müssen, Dinge tun, die dir erst einmal gar nicht super, geil oder legendär erscheinen mögen, aber die unerlässlich sind, um dein Ego aus seiner dunklen Kammer zu locken und nach deinen Vorstellungen zu formen.

Sei keine Zimmerpflanze

Dein erster Schritt wird es sein, dich so oft wie möglich unter Leute zu begeben. Du musst aus dem stillen Dasein der braven Zimmerpflanze

ausbrechen und dich voll und ganz deinem sozialen Leben widmen.
Dabei ist es völlig egal, was du beruflich machst. Ob du studierst, schon
lange in derselben die Weltherrschaft anstrebenden Bank beschäftigt
bist oder in einer Forschungseinrichtung für bemannte Raumfahrt arbeitest, es wird Zeit, dass du endlich mal am Donnerstagabend mit
deinen Kollegen zur After-Work-Party oder auf die Student Night in
der Mensa gehst.

Keine faulen Ausreden mehr, von wegen »du musst noch den Nym-
phensittich deiner Stieftante Gassi führen«. Gerade wenn du studierst,
befindest du dich doch an der sprichwörtlichen Quelle. Es ist wohl nirgendwo einfacher, Frauen kennenzulernen und neue Freunde zu finden
als an der Uni.

Ob du wirklich eingeschrieben bist, ist dabei gar nicht mal so
wichtig. Es gibt auch Tausende Kurse, die man einfach so besuchen
kann, und glaub mir, die Hörsäle platzen manchmal fast vor hübschen
Chicks. Aber auch am Arbeitsplatz wimmelt es oft von süßen Versuchungen. Was rede ich da: Überall gibt es sie! Die ganze Welt ist voll
mit atemberaubend schönen Frauen. Sie haben wundervolle Gesichter,
tolle Kurven, und wenn sie lächeln, geht die Sonne auf. Träum also
nicht länger vor dich hin. Werde aktiv und lerne so viele Menschen
kennen wie nur irgendwie möglich. Schon um die nächste Ecke kann
ein freches Früchtchen auf dich warten. Du musst nur Mann genug
sein, es zu pflücken.

Du siehst schon, worum es in diesem Kapitel geht, was? Für deine
Entwicklung zum berüchtigten Frauenhelden führt einfach kein Weg
an der Sozialisation vorbei. Hoher Status ist ein unmissverständliches
Zeichen und unmittelbare Folge von hervorragender Sozialisation. Du
musst im Umgang mit Bros und Bräuten, egal ob bekannt oder fremd,
eine traumwandlerische Sicherheit an den Tag legen. Zu deinen sozialen Kompetenzen gehören Höflichkeit und Offenheit, Interesse und
Neugier, Charme und Witz genauso wie Selbstbewusstsein, Souveränität und Dominanz.

Wenn du jemanden kennenlernst, gibst du dich freundlich und aufgeschlossen. Trotzdem bist du auch locker genug, um eine Zote einzustreuen, die euch zum Lachen bringt. Du wirst diese Fähigkeiten entwickeln und immer besser beherrschen, je mehr du mit Leuten in Kontakt trittst und Zeit mit ihnen verbringst. Lass dir also keine Gelegenheit entgehen. Sprich mit den Leuten auf der Straße, tratsche ein wenig mit deiner Bäckerin oder auch dem freundlichen Metzger mit dem imposanten Schnauzbart und den beinahe unmenschlich großen Händen.

Hab Spaß am Kontakt mit anderen Menschen und sei nicht derselbe anonyme Graumann, wie es ihn millionenfach überall auf unserer Welt gibt. Lass dich auch auf neue, unbekannte Erlebnisse ein. Entwickle eine anständige Portion Neugier. Geh mit deinen Freunden zum Fallschirmspringen oder melde dich für einen Volkshochschulkurs im japanischen Schwertkampf an.

So bringst du frischen Wind in dein verstaubtes Leben, der dich belebt und langsam, aber stetig in die fünfte Himmelsrichtung treibt. Ja, du hast richtig gelesen. Die fünfte Himmelsrichtung. Sie steht nur auf dem Kompass der Wagemutigen und Furchtlosen und führt in das Land der Legenden. Viel zu wenige haben es bisher gewagt, diesen Kurs zu wählen und bis zum Ende zu verfolgen. Du wirst bald schon einer kleinen Elite von Casanovas, Womanizern und Playboys angehören, wenn du dein Ruder fest- und deinen Kurs weiterhin auf legendär gesetzt hältst.

Wenn du mir noch nicht so ganz folgen kannst, dann rate ich dir zu einem kleinen Experiment. Jeder, einfach jeder kennt einen Supertypen, dem die Mädels scharenweise zufliegen. Vielleicht kennt er dich nicht, vielleicht ist er aber auch einer deiner Bros. Im ersten Fall würde ich dir empfehlen, ihn einfach unauffällig dabei zu beobachten, wie er mit den Menschen umgeht, wie er mit ihnen spricht, was er sagt. Wie steht es mit der Körperhaltung? Wie sieht seine Mimik dabei aus? Was macht er mit seinen Händen? Gestikuliert er viel? Am besten siehst du dem Meister bei der Arbeit zu. Ich muss dir hoffentlich nicht extra sagen, wen ich meine. Kleiner Tipp: Er ist ein hohes Tier bei der Goliath National Bank, wohnt in New York und ist einfach legen… es kommt gleich …där. Legendär!

Wenn du einen Bro mit den nötigen Alphaqualitäten hast, umso besser. Möglicherweise ist er ja sogar euer Anführer, wenn ihr abends um die Häuser zieht oder irgendwo eine Hausparty unsicher macht. Geh mit ihm aus und achte genau auf sein Auftreten. Schlag ihm vor, sein Wingman zu werden, und nutze seine Ausstrahlung und Anziehungskraft für dich.

Langfristig willst du innerhalb deiner Gruppe in puncto Status natürlich aufsteigen. Doch Status hängt nicht allein von deiner hierarchischen Position in deinem Freundeskreis ab.

Auf den Status des Bruders reagieren die Luders

Einen Spitzenkerl mit hohem Status erkennt man natürlich daran, dass er eine Gruppe von Freunden mit geradezu entertainermäßigem Geschick unterhält.

Auf einen noch höheren Status lässt jedoch sowohl dein Bekanntheitsgrad als auch dein Umgang mit den süßen Hasen schließen. Wenn du in einem angesagten Klub oder einer coolen Bar so bekannt bist, als würde dir der Laden gehören, dann bekommen die Leute um dich herum das mit, vor allem die Frauen. Sie denken dann: »Wow. Ein toller Kerl. Den würde ich auch gerne kennenlernen.« Kennst du dazu noch einen Haufen attraktiver Miezen in dem Schuppen, kannst du deinen Status gleich noch eine Stufe höher setzen. Zumindest wird das den Mädels nicht entgehen und sie werden dich als großen Fang ansehen, den sie sich unbedingt unter die frisch manikürten, knallrot lackierten Nägel reißen sollten.

Damit sind wir auch schon bei der absolut besten Methode, der Öffentlichkeit ein Bild von hohem Status zu präsentieren. Umgib dich mit begehrenswerten Klassefrauen, dann werden den ganzen scharfen Stuten in der Disco vor lauter sexueller Neugier die Nüstern dampfen. Wenn die Bräute sehen, dass viele Frauen sich förmlich die Finger nach dir lecken, lässt das in ihnen nur eine Reaktion zu: Auch sie werden dich wollen. Aus diesem Grund geben heiße Feger auch die besten Kopiloten ab. Die Tatsache, dass du mit einer scharfen Vollblutbraut im schwarzen Mini um die Häuser ziehst, wirkt auf andere ebenso unwiderstehliche Gourmetmädels wie ein in weibliche Schokolade gehüllter Magnet.

> Wieder mal ist das Ganze schnell erklärt, wenn wir an unseren in feinstes Fell gehüllten Steinzeitbarney denken. Grob vereinfacht geht in den Frauen nämlich Folgendes vor:
>
> Typ + heiße Bräute = Supertyp → Supertyp = potenzieller Partner → potenzieller Partner = Sex

Natürlich wird es am Anfang schwierig sein, auf diesem Weg bei Frauen Eindruck zu schinden. Das ist schon Königsklasse und nichts für die ersten Gehversuche. Sich permanent inmitten einer Traube hübscher Schätzchen aufzuhalten, ist ehrlich gesagt auch nur Hugh Hefner vergönnt. Mit der Zeit und etwas Übung wirst du aber immer mehr Leute kennenlernen.

Vielleicht freundest du dich ja mit der hübschen Barkeeperin in deiner Stammkneipe an. (Wenn du keine Stammkneipe hast, dann ist es allerhöchste Eisenbahn! Grundgütiger! Keine Stammkneipe, jetzt mach aber mal 'nen Punkt, Alter.) Möglicherweise lernst du auch den einen oder anderen Stammgast kennen und baust dir Stück für Stück deinen eigenen Status in deiner eigenen Welt auf.

Sicher wirst du auch mal anecken und nicht gleich mit allen und jedem dicke Freundschaft schließen. Mit den sozialen Fähigkeiten ist es ähnlich wie beim Boxen. Man ficht quasi einen verbalen Faustkampf aus. Im Gespräch mit Fremden sind daher vor allem Wortwitz und Schlagfertigkeit gefragt. Damit ziehst du sie auf deine Seite und hast obendrein noch eine gute Zeit. Doch wie jeder noch so gute Boxer wirst du dir bei deinen Wortgefechten das eine oder andere blaue Auge einfangen. Rein metaphorisch gesprochen natürlich. Nicht jedes Gespräch wird witzig verlaufen und manch einer wird möglicherweise sogar unfreundlich oder feindselig reagieren. Aber das gehört dazu. Lass solche Leute einfach schnell wieder in Ruhe. Ali ist auch ein- oder zweimal k. o. gegangen und ist dennoch der größte Boxer aller Zeiten.

Es gehört also viel Übung dazu, doch du wirst schnell erkennen, dass sich die Mühe lohnt. Deine sozialen Fähigkeiten werden sich immer weiter verbessern, und im selben Zug wird die Liste deiner sozialen Kontakte immer länger werden. Lass dir also von Zicken und Miesepetern nicht die Butter vom Brot nehmen. Mit solchen Vögeln willst du eh nichts zu tun haben.

Fassen wir zusammen: Ab heute bist du Gast auf jeder Party und auf jedem Fest, das sich dir bietet. Du versteckst dich nicht länger hinter irgendwelchen wilden Vorwänden, sondern nimmst jede Gelegenheit wahr, mit Menschen – vor allem Bräuten – in Kontakt zu treten. Du lässt dich von kleinen Misserfolgen nicht aus der Bahn werfen und arbeitest weiter an deinen sozialen Kompetenzen. Selbstbewusstsein und Souveränität stellen sich mit zunehmender Übung und Erfahrung wie von selbst ein. Treibe mit dem Wind weiter in Richtung legendär, dann steht deinem Aufstieg in Sachen Status nichts mehr im Weg.

Dein Äußeres

Hand aufs Herz: Wann warst du das letzte Mal beim Friseur? Wie lange hast du das vergilbte Shirt aus der neunten Klasse mit dem bekifften Pferd drauf schon und warum zum Teufel trägst du es immer noch? Hast du nach wie vor die alten abgelatschten Sneakers, die nach toter Schleimkröte stinken? Ja? Dann nichts wie weg damit, und zwar zackig. Ein richtiger Kerl versteht was von Mode. Zum einen, weil er etwas auf sich hält, und zum anderen, weil er weiß, dass Frauen auf gut gekleidete Männer abfahren. Deshalb rate ich dir Folgendes: Anzug an! Marsch!

Jetzt aber ernsthaft. Natürlich liegst du mit einem Anzug nie verkehrt. Schließlich sind Anzüge cool und das Beste, worin sich ein Mann überhaupt kleiden kann. Ein edler Anzug ist so etwas wie der König der Kleidungsstücke, der Megalodon der Mode. Selbstverständlich muss es aber nicht immer ein Anzug sein. Je nachdem, wohin du gehst, läufst du sogar Gefahr, im schicken Zweireiher overdressed zu wirken und dir den Ruf des Schnösels einzubrocken. Stimme deine Garderobe also immer auf die Location ab. Schicker Klub oder noble Bar bedeutet ganz klar grünes Licht auf der Anzugampel. Gehst du jedoch in einen heruntergekommenen, aber trotzdem extrem angesagten Berliner Underground-Klub, musst du vielleicht nicht gleich zum besten Stück im Schrank greifen. Grundsätzlich spricht nie etwas direkt gegen einen Anzug, er kann aber in manchen Fällen schlichtweg zu schade für die Umgebung sein. Wenn dir das nichts ausmacht, kann ich dich nur loben und in deiner Einstellung bestätigen. Anzug an, wohin du auch gehst. Barney würde dich dafür lieben. Oder sagen wir mal, es wäre auf jeden Fall Grund für eine klatschende High-Five.

Jetzt aber zurück zu dir. Zur äußeren Erscheinung gehört natürlich mehr als nur deine Garderobe. Das Gesamtbild muss stimmig sein. Dafür musst du eine ganze Reihe Kriterien erfüllen. Es geht bei den Klamotten los, führt weiter über den Haarschnitt bis zu Körperhaltung, Gestik, Mimik und Körperhygiene. Der nobelste Maßanzug ist für die Katz, wenn du riechst wie ein Glas abgelaufener Rollmöpse.

Fangen wir bei deiner Garderobe an. Geh mit einer guten Freundin, die Ahnung in Sachen Mode hat, zu einem guten Herrenausstatter. Eigentlich kannst du mitnehmen, wen du willst. Vielleicht hast du ja auch einen Bro, der sich in der Welt des feinen Zwirns hervorragend zurechtfindet und dir sinnvolle Ratschläge geben kann. Tu mir bloß einen Gefallen und lass Mami zu Hause. Warum? Weißt du noch, wie sie dir zu deiner Erstkommunion voller Begeisterung den Matrosenanzug vorgeschlagen hat? Ja? Dann sind wir uns in dieser Sache wohl einig.

In der gut sortierten Herrenboutique lässt du dir dann mal eine komplette Stilberatung geben, am besten von der hübschen dunkelhaarigen Verkäuferin in dem kessen Jil-Sander-Kostüm[4] und den ehrfurchtgebietend hohen Manolo Blahniks[5]. Glaub mir, eine Frau, die den ganzen Tag solche Pumps trägt, lebt von der Mode und für die Mode. Bei ihr bist du also in den richtigen Händen. Habe ich erwähnt, dass sie scharf ist? Nein? Sie ist ultrascharf. Das wäre damit geklärt.

Auf diese Weise schlägst du gleich zwei Fliegen mit einer Klappe. Einerseits bekommst du eine Stilberatung mit allem, was dazugehört. Du probierst die verschiedensten Schnitte und Modelle aus, während die scharfe Verkäuferbraut dir zur Seite steht und beurteilt, was dir steht und was nicht. Andererseits befindest du dich, noch bevor du es mitbekommst, im Gespräch mit einer hammermäßig heißen, begehrenswerten Frau,

---

4   Deutsche Kaschmir-Queen
5   Spanische Designerpumps; bringen Bräute schneller zum Stöhnen als Johnny Depp

das sich mit der richtigen Portion Mut schon einmal in einen aufregenden Flirt verwandeln lässt. Sollte die Verkäuferin so überhaupt gar nicht meiner Beschreibung entsprechen, dann bist du im falschen Geschäft.

Nachdem sie dich ausführlich beraten und in die völlig neue Welt der Haute Couture eingeführt hat, hast du dir sicher auch selbst ein Bild davon gemacht, was dir gefällt und was nicht. Am besten kaufst du zum Schluss ein schönes Hemd oder auch ein Sakko. Wenn du es dir leisten kannst, nimmst du einen eleganten Anzug mit. Wenn du dich traust, dann am besten auch gleich noch ihre Telefonnummer. Probier's einfach. Immer locker, freundlich lächeln und Augenkontakt. Wenn du den Alpha glaubhaft rüberbringst, wird sie dich unweigerlich attraktiv finden und im Handumdrehen seid ihr nur noch ein Telefonat und ein Treffen von einer noch viel tiefer gehenden Erfahrung entfernt. Mit einem neuen Hemd ist das Thema natürlich noch nicht gegessen. Es geht erst einmal um die professionelle und seriöse Beratung. Die ist bei einem renommierten Herrenausstatter schlichtweg besser als bei den üblichen Modeketten. Mit deinem neuen Wissen und einem frisch entwickelten Stilbewusstsein kannst du danach im Laden deiner Wahl die entsprechenden Sachen kaufen und den Inhalt deines Kleiderschranks endlich einmal generalüberholen. Natürlich spricht nichts dagegen, dich noch in der Boutique mit allem einzudecken, aber du musst dich ja nicht gleich in den Ruin stürzen, nur um besser gekleidet zu sein.

Wenn du alles hast, ist dein nächstes Ziel ein ausgezeichneter Friseursalon. Hier gilt dasselbe wie bei den Klamotten: Du wirst dort eine viel seriösere und individuellere Beratung in Sachen Frisur bekommen als im Discountfriseur um die Ecke. Also sei nicht knickrig und greif einmal etwas tiefer in die Tasche für einen Haarschnitt. Du kannst gleich danach ein Foto von dir machen und in Zukunft damit zu einem günstigeren Haarstylisten gehen. Das bleibt ganz allein dir überlassen. Du musst das Geld nicht mit beiden Händen aus dem Fenster werfen, um das Beste aus deinem Aussehen herauszuholen, aber vergiss in dem ganzen Haar- und Einkaufstrubel niemals Artikel 30:

Ein Bro geht nicht auf Schnäppchenjagd.

So betrachtet würde ich dir doch davon abraten, eine Freundin mitzunehmen. Dadurch steigt die Gefahr, Teil eines solch unmännlichen Unterfangens zu werden, auf ein allzu gefährliches Level.

Klamotten und Frisur sind abgehakt, bleiben die Accessoires. Lerne diesen Satz auswendig: »Ein Bro besitzt keine Accessoires.« Der einzige Schmuck, den ein Mann benötigt, ist eine schlichte und zeitlose Armbanduhr. Krawattennadel, Taschentuch oder Handy zählen zum Standardprogramm und fallen nicht in die Kategorie Accessoires. Wenn du dir Ketten und Armbändchen beim besten Willen nicht verkneifen kannst, dann zieh sie an. Angeblich gibt es ja Mädels, die auf solchen Kram abfahren. Behaupte aber später nicht, ich hätte dich nicht gewarnt.

Brust raus, Kopf hoch

Gehen wir weiter zu deiner Körperhaltung, Gestik und Mimik. Mit diesem Trio der nonverbalen Kommunikation kannst du schon sehr mächtige Signale aussenden, ohne auch nur ein Wort gesagt zu haben. Eine männlich-selbstbewusste Haltung lässt dich in den Augen der aufreizenden Blondine in deinem Philosophiekurs viel interessanter wirken als ein krummer Rücken und ein zu Boden gerichteter Blick.

Du musst wieder einmal nur den Hombre der Hombres Barney Stinson beobachten. Er hält sich gerade, die Brust stolz nach vorn gereckt, die Schultern nimmt er zurück. Das Haupt trägt er hoch erhoben, sein Blick ist fest und sein Lächeln unerschütterlich. Im Laufe seines Lebens hat Barney Hunderte Stunden mit Feldforschung verbracht. Das Ergebnis dieser zahlreichen Studien sieht man heute ganz deutlich, wenn er eine Bar betritt.

Es ist eine unumstößliche Tatsache des menschlichen Paarungs-verhaltens, dass Frauen auf den selbstbewussten Supertypen abfahren, der sich nicht versteckt, sondern den Raum für sich einnimmt. Ein gerader Rücken in Kombination mit einer leicht nach vorn gewölbten Brust wirkt einfach viel maskuliner als Buckel oder Bierbauch. Dazu ein selbstbewusster Blick und ein freundliches Lächeln et voilà, aus Mr Unsichtbar wird Señor Legendär. Es wird nicht nötig sein, von früh bis spät Eisen zu stemmen, um dich auf Schwarzenegger-Niveau zu trimmen. Ein bisschen Sport und vor allem Übungen für eine gesunde Körperhaltung werden dir dennoch guttun und dich gleichzeitig at-traktiver machen. Am besten kaufst du dir ein Buch, das dir die nöti-gen Trainingsgrundlagen und Basisübungen verrät.

Selbstverständlich kannst du dich auch in einem Fitnessstudio an-melden und dir dort von einem Coach einen individuellen Trainings-plan erstellen lassen. Wenn du in Sachen Sport ein blutiger Anfänger bist, würde ich dir zu diesem Weg raten, da man gerade am Anfang doch das eine oder andere falsch machen kann.

Solltest du bereits über die nötigen Grundkenntnisse verfügen und lediglich ein wenig eingerostet sein, möchte ich dir Mark Laurens Buch *Fit ohne Geräte* ans Herz legen. Mit seinen Übungen machst du mit etwas Durchhaltevermögen in kurzer Zeit noch einen richtig stattli-chen Bro aus dir.

Achte auf Gestik und Mimik

Als Nächstes musst du deine Mimik und Gestik etwas genauer unter die Lupe nehmen. Betrachte dich dazu gründlich im Spiegel. Du kannst dich auch auf Video aufnehmen, idealerweise während eines Flirts mit einer Frau. Für Übungszwecke kannst du da ruhig auf die Hilfe einer Freundin oder Bekannten zurückgreifen. Wahrscheinlich werdet ihr viel zu lachen haben. Aber nimm die Sache trotzdem ernst. Sieh dir dein Spiegelbild beziehungsweise die Aufnahmen genau an und achte dabei auf Zeichen von Unsicherheit. Du musst dir einen freundlichen und offenen Gesichtsausdruck angewöhnen. Starr nicht auf deine Schuhe. Das verrät nur einen Mangel an Selbstbewusstsein. Lass deinen Blick einfach entspannt durch den Raum schweifen. Vermeide es, zu glotzen oder zu starren. Damit kommst du nur als notgeiler Stelzbock rüber.

Bei Blickkontakt mit einer hübschen Kleinen brauchst du nicht gleich weiche Knie zu bekommen. Du wendest den Blick nicht ab, wie du es früher immer getan hast. Sieh ihr in die Augen und lächle. Du kannst ihr auch zuwinken, so als würdet ihr euch schon lange kennen. Das ist eine sehr lockere Art, Selbstbewusstsein zu zeigen. Übe dein Lächeln vor dem Spiegel. Gerade in Deutschland kannst du dich allein schon mit einem Lächeln kilometerweit von der Masse abheben. Sieh dich einmal um. Viele wirken, als müssten sie die Lippen um jeden Preis fest aufeinanderpressen, damit auch ja kein Funken Fröhlichkeit an die Außenwelt dringt. Gewöhne dir ein ehrliches Lächeln an und du wirst auf einmal viel sympathischer und anziehender auf die Ladys wirken. Es darf auch ruhig ein freches Grinsen, gefolgt von einem spitzbübischen Augenzwinkern sein. Experimentiere einfach ein wenig damit und du wirst schnell sehen, wie ein freundliches Lächeln den Umgang mit den flotten Bienen um Welten vereinfacht.

Wohin mit den Händen?

Körperhaltung – check! Mimik – check! Aber was machst du bloß mit deinen Händen? Viele Jungs wissen nicht, was sie mit ihren Händen anstellen sollen, wenn sie mit einem Mädchen flirten. Vielleicht zittern sie vor Nervosität oder werden ganz feucht. Du verspürst daher den dringenden Wunsch, sie in deinen Hosentaschen zu vergraben, damit sie auch ja nicht sieht, wie aufgeregt du bist. Viele selbst ernannte Verführungsgurus der heutigen Zeit sprechen ein absolutes Hosentaschenverbot aus. Ich finde nicht, dass man da so streng sein muss. Wenn es dich beruhigt, kannst du ruhig eine Hand lässig und cool in der Tasche haben, während du mit der anderen durch die Luft gestikulierst. Noch besser ist es natürlich, mit beiden Händen lebhaft zu gestikulieren. Wenn du sie richtig einsetzt, geben Gesten deiner Aussage zusätzliches Gewicht. Außerdem zeigen sie deiner Zielperson, dass du dich gerne mit Fremden unterhältst und keine Scheu hast, dich ganz authentisch zu geben. Weit ausholende Gesten können einen wichtigen Punkt deiner Rede unterstreichen. Darüber hinaus machst du mithilfe entsprechender Gesten einen viel lebendigeren Eindruck als das Handtuch da drüben, das seine Hände verkrampft in die Tiefen seiner Baggypants bohrt.

BARNEYS TIPP:

Wenn dir das alles ein bisschen viel erscheint, um es ganz allein zu bewältigen, spricht nichts dagegen, ein wenig Schauspielunterricht zu nehmen. Dort lernst du, mit welchen Gesten du den gewünschten Effekt erzielst, wie du deine Mimik unter Kontrolle kriegst und einfach super rüberkommst.

Waschen statt kratzen

Der letzte, aber bei Weitem nicht der unwichtigste Punkt betrifft deine Körperhygiene. Duschst du regelmäßig oder gilt bei dir noch die vorsintflutliche Regel »Samstag ist Waschtag«? Damit hier keine Missverständnisse aufkommen: Fettige Haare, zotteliger Rübezahlbart und die Duftmarke eines geschlechtsreifen Marders sind in Sachen Chicks-Klarmachen so hilfreich wie ein Regenschirm als Angelköder. Wenn du tatsächlich so ins Rennen ziehen willst, möchte ich dir dringend davon abraten. Barney kleidet sich ja auch nicht in ägyptische Baumwolle und edlen Kaschmir, nur um dann zu stinken wie ein alter Dieseltanker. Ganz im Gegenteil, er pflegt sich so gut, dass er selbst nach einem schweißtreibenden Wettlauf durch New York immer noch unglaublich duftet. Riech einfach mal an ihm, wenn du mir nicht glaubst.

Du wirst um regelmäßiges Duschen nicht herumkommen, wenn du als Eroberer etwas reißen willst. Zusätzlich würde ich dir raten, dir das eine oder andere Eau de Toilette zuzulegen. Auch der herbe Duft eines Rasierwassers kann Wunder wirken. Grundvoraussetzung für sexuelle Anziehung ist ja bekanntlich auch der Geruch eines Menschen. Also sei kein Schmuddel und trag vor dem Ausgehen einfach ein paar Spritzer Parfum auf. Du solltest es aber auch nicht übertreiben. Wenn du riechst wie eine usbekische Rotlichtbar, wird das die heißen Lolitas eher vertreiben als anziehen. Mach es wie Barney und lege Wert auf Klasse statt Masse, dann bist du schon so gut wie auf der Gewinnerseite.

Dein Inneres

So langsam fallen die Hüllen. Wie Barneys Lieblingsstripperin Charity musst du dich Stück für Stück entblößen, damit wir an dein Inneres rankommen. Damit meine ich selbstverständlich nicht, dass du dich ausziehen sollst. Immer langsam mit den Pferden, Bro. Wir sind ja hier nicht in der Herrenumkleide, also mach den Gürtel wieder zu.

Ich möchte mit einer zentralen Frage anfangen. Wie du sicher schon vermutest, sind wir bei der Frage nach deiner Identität angekommen. Beschäftige dich damit und frage dich, wer du bist. Ich möchte, dass du darüber wirklich intensiv nachdenkst. Am besten machst du dir auch Notizen dazu. Schreibe deine offensichtlichen Eigenschaften auf und grabe dann tiefer nach deinen nicht so deutlich hervortretenden Seiten. Erstelle eine Liste deiner Stärken und Schwächen. Finde heraus, was dir in deinem Leben Spaß macht und was du unbedingt noch erleben willst. Werde dir über deine Ziele und Wünsche klar. Oft wissen wir gar nicht, was wir wollen, und genau darin liegt eines der größten Hindernisse, die uns von einem legendären Superleben als umwerfender Womanizer abhalten.

Sobald deine Notizen vollständig sind, können wir weitermachen. Leg das Buch also erst einmal zur Seite und fang an mit der knallhart ehrlichen Selbstanalyse. Du musst mir hier einfach vertrauen, denn es wird dir bestimmt nicht alles gefallen, was du nachher in deinem Notizblock lesen wirst. Dieser Schritt ist aber absolut notwendig, auch wenn er schwerfällt. Sei also gnadenlos ehrlich zu dir, selbst wenn es wehtut. Du wirst davon profitieren. True story!

Na, wie sieht's aus? Liegt das Profil eines weinerlichen Mickerlings vor dir oder ist es vielleicht gar nicht so tragisch? Es ist jetzt völlig egal, ob die Liste deiner Schwächen viel länger ist als die deiner Stärken. Es ist wichtig zu wissen, was du nicht kannst. Konzentrieren solltest du dich aber eher auf deine Stärken. Wenn du zum Beispiel nicht ganz so toll aussiehst, im Schulsport immer der Schlechteste warst und beim besten Willen zu ungeschickt bist, um einen vernünftigen Seemanns-knoten zu binden, ist das alles halb so wild. Sei dir deiner Schwächen bewusst und gewöhne dir in Bezug auf sie eine ironisch-humorvolle Sichtweise an. Viel wichtiger sind deine Stärken. Wenn du möchtest, kannst du natürlich an deinen Schwächen arbeiten und einige in Stär-ken verwandeln, aber das wird dir nicht in allen Punkten gelingen. Menschen sind einfach nicht zur Perfektion bestimmt, mit Ausnahme einiger weniger glorioser Unikate, die zufällig auf den Familiennamen Stinson hören.

Auch wenn du kein Spitzenschwimmer mit meterbreitem Kreuz bist und beim Golf ständig an diesem verdammt kleinen Bällchen vor-beidrischst, kannst du ja vielleicht ganz fantastisch Klavier oder Gitarre spielen. Möglicherweise liegen deine Talente im mathematischen, mu-sischen oder künstlerischen Bereich. Natürlich finden Frauen durch-trainierte Athleten mit Waschbrettbauch und Betonhintern scharf. Mit Intelligenz, Humor oder künstlerischem Geschick kannst du diese Be-achboys aber ganz leicht in den Schatten stellen. Es ist daher essenziell, dass du dich auf deine Stärken besinnst und auf deine Fähigkeiten ver-traust. Auf diesem Weg kommst du zu Selbstvertrauen und Mut. Und diese beiden Eigenschaften sind für deine zukünftigen Verführungs-künste unendlich viel wichtiger als ein schönes Gesicht oder ein perfek-ter Körper. Aus Selbstvertrauen und Mut entwickeln sich maskulines Auftreten und Dominanz wie von selbst.

Wenn du beispielsweise Informatiker mit Hochleistungsgehirn bist, dann sei stolz darauf und schöpfe Selbstbewusstsein aus deiner hoch-klassigen Arbeit. Wie viele können schon von sich behaupten, dass sie kinderleicht das Pentagon hacken könnten, wenn sie nur Lust darauf hätten? Du siehst, selbst die scheinbar ödesten Fähigkeiten können unglaublich interessante Seiten haben. Während des Flirts mit einer hübschen Torte solltest du allerdings auf HTML oder Binärcodes verzichten. Das kommt dann doch verdammt nerdig rüber.

Überzeuge dich selbst

Eine weitere gute Methode, um Selbstbewusstsein aufzubauen, ist die Arbeit mit positiven Bestätigungen, auch Affirmationen genannt. Du kannst sie auswendig lernen oder auch kleine Kärtchen schreiben, die du regelmäßig durchliest. Dein Gehirn wird diese Affirmationen mit der Zeit so sehr verinnerlichen, dass auch dein unflexibles Ego sie glauben wird und endlich damit aufhört, deine Avancen im Keim zu ersticken.

Hier eine Liste beliebter Bestätigungen:

- Ich lache gerne.
- Ich habe gerne Spaß.
- Ich genieße Gesellschaft.
- Ich trete selbstbewusst auf.
- Ich bin mutig.
- Ich liebe schöne Frauen.
- Ein interessantes Gespräch bereichert mein Leben.
- Ich kann super kochen/malen/singen etc.
- Ich bin ein legendärer Supertyp.

Wenn du dich entscheidest, mit Affirmationen zu arbeiten, ist es von grundlegender Bedeutung, dass du sie positiv formulierst. Du schreibst also »Ich bin mutig« auf dein Kärtchen und nicht »Ich habe keine

Angst«. Dein Ego ist nämlich sehr selektiv in seiner Wahrnehmung. Im ersten Fall kommt bei ihm die klare Botschaft »mutig« an. Im zweiten Fall hingegen kann es passieren, dass einzig die negative Botschaft »Angst« hängen bleibt. Das solltest du vermeiden. Überlege dir deine Formulierungen deshalb gut, bevor du mit den Affirmationen anfängst.

Es wird sicher eine Zeit dauern, bis du diese positiven Botschaften verinnerlicht hast und dein Ego sie auch schluckt. Mache sie zu deinem Mantra und sag sie dir laut und bewusst mehrere Male am Tag vor. Das kannst du ruhig auch vor dem Spiegel machen und gleichzeitig an deiner nonverbalen Kommunikation (Gestik, Mimik, Körperhaltung) arbeiten.

Schluss mit der Angst

Du merkst schon, wie der Funken des Selbstbewusstseins auf dich überspringt? In deinen neuen Klamotten siehst du echt scharf aus und dein Selbstwertgefühl hat sich bereits verdoppelt? Dann können wir ja schwerere Geschütze auffahren. Ich finde, es ist Zeit, deiner Angst an den Kragen zu gehen. Wovor hast du Angst? Vielleicht vor Spinnen oder der Dunkelheit, doch darum geht es hier nicht. Auch wenn echte Bros sich selbstredend vor nichts fürchten – außer vielleicht vor einer aus dem Nichts kommenden Vaterschaftsklage. Aber zurück zum Thema. Es geht natürlich um deine Angst davor, Frauen anzusprechen beziehungsweise von ihnen abgewiesen zu werden. Gerade schöne Frauen, geile Hasen, Wahnsinnsgeräte und Hammerbräute geben dir das Gefühl, fünf Jahre alt und während eines nächtlichen Gewitters allein zu Hause zu sein? Dein Hals schnürt sich zu, deine Knie fangen an zu zittern, aus deinem Mund kommt nur noch Kauderwelsch, der höchstens noch nach Wookie klingt? Na, kommt ungefähr hin, oder?

Schon bald wirst du mit einem Lächeln auf den Lippen auf diese einstige Betaversion von dir zurückschauen und voll neuen Selbstbewusstseins auf urbane Täubchensafari gehen.

Packen wir es also an. Die Angst vor dem Ansprechen ist so alt wie der Mensch selbst. Wie die meisten verrückten Verhaltensweisen in Bezug auf die Partnerwahl hat auch sie ihre Wurzeln in den frühen Tagen unserer Art. Wenn ein Steinzeitbeta in seinem Dorf eine gegrunzte Abfuhr erhalten hat, war es ziemlich sicher, dass auch die anderen Steinzeitladys ihn nicht ranlassen würden. Das heißt, ein einziger Korb war genug, um einen Steinzeitbro zu einem sexlosen Leben zu verdammen. Ein sexloses Leben bedeutet keine Fortpflanzung, keine Fortpflanzung heißt Ende. Aus und vorbei. *Es tut uns leid, Sir, aber Ihr Erbgut wurde abgelehnt.* Das kam damals schon fast einem Todesurteil gleich. Schließlich waren Überleben und Fortpflanzung so ziemlich die einzigen Daseinsgründe. Wenn die Fortpflanzung wegfiel, blieb also nicht mehr viel übrig. Diese Angst vor der Ablehnung ist aus heutiger Sicht ziemlich albern, ja man könnte sagen lächerlich. Das interessiert das männliche Unterbewusstsein jedoch herzlich wenig. Fakt ist: Jeder Mann hat diese Angst schon einmal gespürt. Die Supertypen haben sich von ihr befreit und führen ein Leben voller Sex, Spaß und Rock 'n' Roll. Die Betakäuze dagegen sind nach wie vor wie gelähmt von dieser Angst und versuchen, im Camouflagemodus möglichst unauffällig im Hintergrund zu stehen. Doch damit ist jetzt ein für alle Mal Schluss!

In der vom amerikanischen Verführungsguru Neil Strauss gegründeten Pick-up-Community arbeitet man mit verschiedensten Formen der Desensibilisierung, um diese lähmende Angst abzulegen. Dein Ziel muss es sein, ganz natürlich und authentisch auf eine Frau zuzugehen und sie so nonchalant anzusprechen, als würdet ihr euch schon ewig kennen. Selbstverständlich kannst du jetzt sofort raus auf die Straße gehen und einfach mal zehn oder 20 wildfremde Mädels anquatschen. Es wird dir von Mal zu Mal leichter fallen, und sobald es dir gelingt, ganz entspannt auf deine Zielperson zuzugehen, wirst du auch deine ersten Erfolge verbuchen können. Möglicherweise schaffst du es, dich mit ihr zu verabreden, oder bekommst ihre Telefonnummer. Das wäre schon einen Faust-an-Faust-Gruß mit Knall wert.

Wenn dir das aber doch zu schnell geht, dann empfehle ich dir, einfach mal in das eine oder andere Schnellrestaurant, eine Dönerbude oder einen Imbiss zu gehen und eine komplett absurde Bestellung aufzugeben. Natürlich kannst du dich auch im Baumarkt nach der neuen Valentino-Kollektion erkundigen oder umgekehrt in einer Boutique nach dem neuen Blendmaster 3000 fragen. Worum es dabei geht, ist der Ausbruch aus deinen gewohnten Bahnen. Deine Eltern haben dich so erzogen, dass du Peinlichkeiten vermeidest und nicht aus der Reihe tanzt. Sie haben dich in eine massen- und gesellschaftstaugliche Form gepresst, die einfach keinen Freiraum für ausgefallenes und ungewöhnliches Verhalten lässt. Du bist höflich, freundlich, zuvorkommend und korrekt. Nie kämest du auf die Idee, dir einfach etwas zu nehmen oder etwas zu tun, das dich reizt, aber deiner Erziehung zuwiderläuft. Deshalb würdest du auch nie im Kebabladen um die Ecke einen Doppelwhopper mit Bacon bestellen. Der Dönermann würde dich nur verständnislos anglotzen und dich für verrückt erklären. Und etwaige andere Kunden würden dich kopfschüttelnd als weich gekochten Sonderling abstempeln.

Sinn und Zweck dieser Übung ist Folgendes: Je öfter du dich so »danebenbenimmst« und dich außerhalb der sozialen Norm bewegst, desto leichter wird es dir fallen und desto gleichgültiger wird dir die Meinung irgendwelcher fremder Passanten sein. Mal ehrlich, wen juckt es denn, ob ein Fremder dich für bewölkt im Oberstübchen hält? Wahrscheinlich seht ihr euch nie wieder. Seine oder ihre Meinung kann dir also getrost völlig Latte macchiato sein.

Wenn du erst einmal mehrere Dutzend solcher hanebüchenen Bestellungen aufgegeben und dich anschließend einer verwirrenden Diskussion mit dem Kassenpersonal gewidmet hast, wird es das Leichteste der Welt für dich sein und dir womöglich sogar Spaß machen. Du wirst kreative Rechtfertigungen für deine absonderlichen Essenswünsche erfinden und die Verwirrung deines Gegenübers möglicherweise sogar als schieß-mich-tot-komisch empfinden. Du musst dabei nur aufpassen, dass du den Bogen nicht überspannst. Manche Leute reagieren aggressiv, wenn man sie auf den Arm nimmt. In dem Fall solltest du schnell Land gewinnen.

Der nächste Schritt ist dann offensichtlich. Abgebrüht und unerschütterlich, wie du nach dieser Brodyssee der Absurditäten bist, fängst du damit an, wildfremde Schönheiten auf der Straße anzusprechen. Es versteht sich von selbst, dass du bei dem steilen Zahn an der U-Bahn-Station kein Sushi oder Lahmacun bestellst, sondern sie einfach locker-flockig ansprichst. Du kannst sie nach der Uhrzeit fragen oder dich erkundigen, ob sie weiß, wo die U 1 abfährt. Ganz alltägliche Fragen eben. Das ist viel leichter, als ihr direkt dein Interesse zu zeigen. Wenn du schon mutig genug dafür bist, dann geh ruhig hin und mach ihr ein Kompliment. Was soll schon passieren? In der Regel reagiert jeder Mensch freundlich, wenn man etwas Nettes zu ihm sagt. Täusch also jetzt kein Yips vor, sondern geh hin und versuch dein Glück. Du wirst am Anfang vermutlich aufgeregter sein als ein Jack-Russell-Terrier im Bällebad, aber die Nervosität wird sich schnell legen. Ganz verschwinden wird sie aber nie. Mach sie dir daher zum Verbündeten, genieße die Aufregung. Sie hilft dir, hellwach und konzentriert zu sein.

Wenn du am Ball bleibst, wirst du schon nach zehn bis 20 Annäherungsversuchen die ersten Erfolge ernten, vielleicht sogar früher. Statistisch gesehen gibt dir eine von fünf Frauen ihre Telefonnummer. Schlag es nach, wenn du mir nicht glaubst.

Mit dieser Methode wirst du sicherlich jede Menge Selbstbewusstsein aufbauen. Einerseits trittst du nämlich in kürzester Zeit mit Hunderten scharfer Dinger in Kontakt, was schon mal ein Riesensprung für jemanden ist, der sich vor Kurzem noch nicht einmal getraut hat, allein zum Flughafen zu fahren. Andererseits wird der Erfolg dir recht geben. Schnell wirst du merken, dass gar nichts dabei ist, auf ein hübsches Mädchen zuzugehen und sie von deiner super Art zu überzeugen. Das ist die Selbstbewusstseinsspritze schlechthin.

Wenn dir das alles noch nicht genügt, habe ich noch den einen oder anderen Tipp für dich. Die Angst vor dem Erstkontakt lässt sich in gewisser Weise mit Lampenfieber vergleichen. Fragen wie »Was, wenn ich auf einmal einen Blackout habe?«, »Werde ich mich bis auf die Knochen blamieren?« oder »Warum sieht sie mich so komisch an?« werden dich anfangs vielleicht verunsichern. Dieser Nervosität kannst du auf verschiedenen Wegen den Schneid abkaufen.

Warum meldest du dich nicht zu einem Rhetorikkurs an? Dort lernst du, vor Gruppen zu sprechen. Du wirst Vorträge vor Publikum halten und direktes Feedback bekommen, was deine kommunikativen Fähigkeiten auf ein hammermäßiges Niveau hebt. Auch Extremsportarten wie zum Beispiel Downhill-Biken, Klippenspringen oder Sky-Diven werden dich in puncto Selbstvertrauen weit nach vorn bringen. Der Nervenkitzel wird dir tonnenweise Spaß ins Blut pumpen und du kannst damit dein Repertoire an spannenden Testosteronstorys ausbauen.

Ich zum Beispiel habe jahrelang als Aktmodell gearbeitet und glaub mir, wenn du mal ein paar Hundert Stunden im Adamskostüm sowohl mit umwerfenden Kunststudentinnen als auch mit Hobbymalerinnen der Kategorie ältere Hausfrau verbracht hast, macht dich so schnell nichts mehr nervös.

Du kannst dir auch selbst eine ausgefallene Aufgabe ausdenken. Wichtig ist allein, dass du neue Wege beschreitest und deinen inneren Widerstand und deine Ängste überwindest. Halte dich an diese Tipps, dann wird dein Selbstbewusstsein explosionsartig zunehmen. Es geht letztlich nicht darum, tatsächlich der beste und coolste Supertyp der Welt zu sein, sondern vielmehr darum, dass du dich selbst für den besten und coolsten Macker mit absolutem Legendenstatus hältst und das glaubhaft rüberbringst. Es geht um deine innere Überzeugung. Sie muss unumstößlich werden wie der kolossale Mount Everest. Damit hältst du den Schlüssel zu den Schmuckkästchen der schönen und noch schöneren Chicks in deinen Händen.

Dein Wissen über Frauen

S chon der berühmte Begründer der Psychoanalyse Sigmund Freud musste feststellen: »Die große Frage, die bisher nicht beantwortet wurde und die auch ich nicht zu beantworten in der Lage war, lautet: Was will eine Frau?«

Mel Gibson bekommt in der Hollywood-Komödie *Was Frauen wollen* durch einen Blitzschlag kurzfristig die Fähigkeit zu hören, was in den Köpfen des zarten Geschlechts so vor sich geht. Allerdings ist das schon eine verflucht waghalsige Methode, um etwas Einsicht in die weibliche Psyche zu erhalten, und ich halte sie nicht für allgemein empfehlenswert.

Sun Tsu hat dieses Problem in *Die Kunst des Krieges* folgendermaßen formuliert: »Kennst du dich und deinen Feind, brauchst du den Ausgang keiner Schlacht zu fürchten. Kennst du dich selbst, deinen Feind aber nicht, wirst du für jeden Sieg auch eine Niederlage erleiden. Kennst du weder dich noch deinen Feind, wirst du jede einzelne Schlacht verlieren.«

Damit du mich richtig verstehst: Das Letzte, was ich will, ist, die heißen Hasen und scharfen Geschosse dieser Welt zum Feindbild zu erklären. Trotzdem finde ich diese Aussage sehr treffend, wenn man sie als Parabel auf den Kampf der Geschlechter anwendet.

Solltest du jetzt jedoch erwarten, hier eine vollständige und lückenlose Erklärung des weiblichen Innenlebens inklusive sehnlichster Wünsche und tiefster Sehnsüchte zu finden, muss ich dich gleich enttäuschen. Nicht einmal Barney Stinson kann immer mit Sicherheit sagen, welcher emotionsgesteuerte Gedankenprozess in den schönen

Köpfen heißer Bräute abläuft. Doch im Laufe seiner Karriere als Verführer und Womanizer hat er ein untrügliches Gespür für weibliche Stimmungen entwickelt und durch jahrelange Übung und Erfahrung so viel Know-how gewonnen, wie nötig ist, um so gut wie jede Frau da draußen einzuwickeln.

Unendliche Tiefen

Man kann sich die Gefühlswelt der Frauen im Grunde wie einen Ozean vorstellen. Der völlig Unwissende betrachtet lediglich die Wasseroberfläche. Mal ist sie ruhig und friedlich, mal kräuselt sich das Nass im Wind, mal wälzen sich hohe Brecher zornig der Küste entgegen. Ab und an durchbricht ein wagemutiger Fisch die Oberfläche und gibt dem Betrachter eine winzig kleine Ahnung von dem, was sich unter Wasser abspielt. Es mag ihm auch gelingen, mit der Angel den einen oder anderen Fang zu machen, doch hat dabei stets der Zufall seine Finger im Spiel.

Der Schnorchler sieht schon bedeutend mehr. Selbst wenn er sich doch meist auf Höhe des Wasserspiegels befindet, taucht er bereits etwas ein in die bunte und faszinierende Welt der See. Er labt sich am Anblick der farbenfrohen und anmutigen Meeresbewohner und kann mit einer Harpune bewaffnet den Fisch seiner Wahl an Land bringen.

Nur wenige haben den Mut, tiefer vorzudringen. Mit Bleigürtel und Sauerstoffflasche wagen sich Taucher bis in dunkle Tiefen vor und ergründen den geheimnisvollen Ozean. Ihren Augen bieten sich spektakuläre Anblicke, wodurch sie dem Gesamtbild näherkommen. Ab einer gewissen Tiefe wird es aber auch für sie zum lebensgefährlichen Unterfangen und sie sind gezwungen, wieder an die Oberfläche zurückzukehren.

In der heutigen Zeit verfügt der Mensch sogar über technische Hilfsmittel, die auf mehrere Hundert Meter sinken können und mit völlig neuen Einblicken aus totaler Finsternis zurückkehren. Trotz alledem sind nur winzige Bereiche der Ozeane erforscht und das meiste, was da unten vor sich geht, bleibt uns verborgen.

So in etwa verhält es sich mit der weiblichen Psyche. Wir Supertypen haben uns in die Tiefe vorgewagt und sind mit wichtigen, wenn auch fragmentarischen Kenntnissen zurückgekehrt. Wir wissen, wie man ein tolles, exotisches, leidenschaftliches und wunderschönes Exemplar der Spezies Frau an den Haken bekommt und können mit diesem Wissen heiße Feger am laufenden Band erobern. Was Frauen wirklich wollen, bleibt aber auch dem größten Verführer ein Mysterium, und das ist vermutlich gut so. Wo bleibt denn der Reiz, wenn alles bekannt ist und es nichts Neues zu entdecken gibt? Der Tiefseepionier Jacques Cousteau hätte sich wohl kaum in winzigen Tauchbooten auf maritime Forschungstour begeben, wenn er bereits gewusst hätte, was dort auf ihn wartet.

Der Reiz des Unbekannten ist also ein bedeutender Faktor für den Verführer. Ich habe schon erwähnt, dass Neugier eine von Barneys hervorstechenden Eigenschaften ist. In Kombination mit dem Reiz des Unbekannten bildet sie mitunter die treibende Kraft für Barneys legendäre Jagdausflüge durch die Großstadtdschungel unserer Welt. Doch genug der Vergleiche und Erklärungen. Es wird Zeit, das als gesichert geltende Wissen über das schöne Geschlecht herauszurücken.

Wie bereits erwähnt leben Frauen im Gegensatz zu den bekanntermaßen logisch denkenden Männern sehr gefühlsbetont. Emotionen und Gefühle sind für sie so wichtig wie die Luft zum Atmen. Ihr Auftreten und Handeln ist daher in hohem Maße gefühlsmotiviert. Natürlich kommt das auch bei Kerlen vor, ja sogar bei richtigen Supertypen. Aber es ist nur ein Zeichen geistiger Gesundheit, wenn ein Typ vor Euphorie jubelt, weil sein Football-Team dank seines überirdischen Quarterbacks den Super Bowl gewonnen hat. Sorgen machen sollte man sich erst, wenn ein Bro beim Anblick eines heruntergesetzten Anzugs im Schaufenster die Arme in die Luft wirft und kreischend in das Geschäft stürzt. Du weißt es genau: Schnäppchenjagd ist ein Tabu!

Verstand und Unterbewusstsein

Man muss grundsätzlich zwischen zwei Bewusstseinsebenen unterscheiden. Da wäre zum einen die rationale Ebene, also der Verstand, der nach gründlicher Überlegung Entscheidungen trifft. Zum anderen gibt es aber auch noch das Unterbewusstsein, von wo aus Instinkte und Triebe im Zusammenspiel mit genetischer Programmierung unsere Entscheidungen beeinflussen. Gerade starke Gefühle gehen vom menschlichen Unterbewusstsein aus. Deshalb fällt es uns auch oft schwer zu begründen, warum wir jemanden toll finden und uns in sie oder ihn verliebt haben.

Man könnte sich an dieser Stelle natürlich fragen, warum wir denn überhaupt Gefühle haben, wenn wir ihnen nur sehr dürftig auf den Grund gehen können. Gefühle und Emotionen sind ein äußerst geschickt ausgeklügelter Mechanismus der Evolution. Sie können einen Belohnungseffekt ausüben, genauso gut aber auch der Abschreckung dienen. Wie ein Pferd, das um giftige Pflanzen herum frisst, ohne zu wissen, warum, richten wir uns also unterbewusst nach unseren Instinkten und Emotionen. Frauen tun das in viel stärkerem Maß als Männer.

Deshalb führt der Weg ins Schlafzimmer deiner entzückenden Reitlehrerin auch hauptsächlich über ihre Gefühle, sprich über ihr Unterbewusstsein. Versteh mich nicht falsch, du musst dich durchaus auch ihrer rationalen Ebene widmen, wenn du nicht wie ein paarungsbereites Gorillamännchen rüberkommen willst.

STEINZEITNEWS:

Harte Fakten aus einer harten Zeit

Das weibliche Unterbewusstsein streckt seine Wurzeln bis weit zurück in die Urgeschichte. Es erhielt seine genetische Programmierung zu Zeiten unserer Steinzeit-Bros und hat sich seitdem kaum verändert. Moderne Konzepte wie Moral oder Anstand waren ihm fremd. Es sprang allein auf Stärke und Alphaverhalten an.

Man muss sich die unterschiedliche gesellschaftliche Stellung von Steinzeitmann und -frau einmal genauer vor Augen führen: Die toughen, haarigen, keulenschwingenden Kerle konnten in kürzester Zeit einen ganzen Kindergarten an Nachwuchs mit beliebig vielen Frauen zeugen, während die zarten Steinzeitladys in der Schwangerschaft und auch danach maßgeblich auf den Schutz ihres Partners angewiesen waren. Sie suchten sich also einen möglichst starken Macker mit strahlend blondem Haar, schicken Mammutlederslippern und erstklassigen Genen, um mit ihm ein paar schreiende Bälger zu zeugen. Diese Phase der Partnerwahl wird auch Selektion genannt.

Der Mann war nach dem Paarungsakt eigentlich zufrieden und auf seine Kosten gekommen, er konnte sich also der Nächsten widmen, um seinen Samen möglichst weit zu streuen und somit sein Erbgut zu verbreiten. Das würde jedoch bedeuten, dass er die Frau mit ihrem kleinen Schreihals sitzen lässt. Aus ihrer Sicht durfte es auf keinen Fall so weit kommen, wenn sie ihr eigenes und das Leben ihres Kindes nicht aufs Spiel setzen wollte. Sie musste den starken, unabhängigen Kerl also irgendwie unterwerfen und an sich binden. Diese Phase bezeichnet der Fachmann auch als Betaisierung. Hatte sie das geschafft und er tanzte voll und ganz nach ihrer Pfeife, verlor er in ihren Augen allmählich seine anfänglichen Alphaqualitäten, die sexuelle Anziehung schwand zusehends und der Typ wurde aufs Abstellgleis geschoben. Ein völlig natürlicher Prozess. Erst wenn man sich darüber im Klaren ist, kann man die allgegenwärtigen Spielchen meistern und die ständigen Tests der Frauen bestehen.

Nüchtern betrachtet stehen wir Männer in Sachen Eroberung und auch Beziehung vor einem fast schon schizophrenen Paradoxon. Frauen krallen sich den Mann ihrer Wahl mit den besten Eigenschaften und wollen ihn dann unterwerfen und kontrollieren, um ihn an sich zu binden. Sie hoffen jedoch gleichzeitig, dass er das nicht mit sich machen lässt und seiner männlichen und dominanten Art treu bleibt. Sollte er sich nämlich unter ihre Knute begeben, ist die sexuelle Anziehung futsch und die heißen Nächte, die Beziehung, die Ehe oder was auch immer sind damit dem Untergang geweiht.

Das klingt ganz schön hinterlistig und manipulativ, was? Streng genommen ist es das auch. Doch der Grund dafür liegt nicht etwa darin, dass alle Bräute fiese Miststücke und gemeine Luder sind. Nein, weit gefehlt. Die meisten Mädels sind nach meiner Erfahrung ziemlich cool drauf. Sie sind lässige und angenehme Zeitgenossinnen, mit denen man eine Menge Spaß haben kann. Wieso verhalten sie sich dann so hinterhältig und undurchschaubar?, wirst du dich sicherlich fragen. Sie werden von ihrem Unterbewusstsein dazu getrieben. Ihr Unterbewusstsein sucht für sie einen dominanten und selbstbewussten Supertypen aus. Sobald sie ihn in der Tasche haben, fangen sie an, ihm die so attraktive Wildheit auszutreiben, ihn zu domestizieren und einen Schoßhund aus ihm zu machen. Sie können gar nicht anders. Es entspricht nun mal ihrer genetischen Disposition.

Wenn du also merkst, dass eine Frau dich an die kurze Leine nehmen will, darfst du ihr auf keinen Fall nachgeben. Bleib dir und deinen Überzeugungen treu. Lebe nach deinen Regeln und Vorstellungen. Wenn du keine eigenen Regeln hast, wird es höchste Zeit, solche aufzustellen. Oder du hältst dich einfach an den *Bro Code*, dann kannst du kaum etwas falsch machen.

Testergebnis Alpha

Im Umgang mit einer kessen Lady musst du immer klar signalisieren, dass sie für dich höchstens an zweiter Stelle steht. Zeig ihr, dass sie nicht das Wichtigste in deinem Leben ist, und bleib bei dieser Einstellung. Sie wird dich dafür lieben, denn unterbewusst will sie genau so einen Mann. Unabhängig, maskulin, nicht zu kontrollieren. Da bekommt jede Zehn feuchte Hände und weiche Knie.

Wenn du dein Alphaverhalten einmal kultiviert hast, weiche nicht mehr davon ab. Du bist zielstrebig und weißt genau, was du willst. Wenn sie dir dabei in die Quere kommt, zeigst du ihr einfach die kalte Schulter. Die Mädels da draußen werden dich bei jeder Gelegenheit kleinen Tests unterziehen. Das kann die unterschiedlichsten und abgefahrensten Formen annehmen.

Oft ist ihnen selbst gar nicht klar, dass sie dich testen, und die meisten Jungs bekommen es ebenfalls nicht mit. Und genau aus diesem Grund fallen auch die meisten durch und blitzen ab.

Die einzige Möglichkeit, diese Tests zu bestehen, liegt in deinem überzeugten Auftreten als Supertyp. Lass dich nicht beirren, spring nicht darauf an, nimm die Mädels nicht allzu ernst und zieh sie auf.

Diese Tests können ganz unterschiedlich aussehen. Die gängigsten äußern sich in Respektlosigkeit, haltlosen Vorwürfen, Unpünktlichkeit oder auch darin, dass dir eine Frau Kommandos gibt. Möglicherweise versucht sie, dich als emotionalen Kummerkasten zu missbrauchen, dich eifersüchtig zu machen oder mit anderen Männern in Konkurrenz zu bringen.

In einer Beziehung wird deine Freundin möglicherweise versuchen, dich durch Sexentzug oder auch die Aussicht auf Sex zu kontrollieren. Hier gibt es nur eine Antwort: Nimm sie nicht ernst, ignoriere sie und mach dich vor allem rar. Du bist ja nicht süchtig nach ihr. Selbst dann nicht, wenn sie mit ihrem Becken geradezu Magisches anzustellen weiß. Du musst in dieser Phase des gespielten Desinteresses einfach nur ausdauernder sein als sie, dann wird sie wieder auf dich zukommen. Die Folge ist leidenschaftlicher Versöhnungssex. Und das ist eine der vier besten Sexarten, die es gibt. Du kannst dich also schon darauf freuen.

Es existieren noch viel mehr solcher Tests, wahrscheinlich so viele, wie es Frauen gibt. Ich kann dich also unmöglich auf alle denkbaren Szenarien vorbereiten. Im Prinzip musst du dir in puncto Tests nur eine Sache merken: Frauen werden ausprobieren, wie weit sie bei dir gehen können. Wenn sie dich bei einer Verabredung ewig im Regen stehen lässt und ohne plausiblen Grund viel zu spät erscheint, testet sie aus, wie abhängig du schon von ihr bist. Ein solches Verhalten ist absolut inakzeptabel. Mach ihr das auf ruhige, aber bestimmte Weise deutlich. Lässt du so mit dir umspringen, wird ihr Unterbewusstsein nämlich die ersten Punkte auf der Betaisierungsskala verbuchen. Wenn ihr euch gerade erst begegnet seid und sie es gehörig an Respekt mangeln lässt, dich etwa beleidigt oder vor anderen schlecht von dir spricht, hat sie unterbewusst genau dasselbe Ziel. Sie will ausloten, wie weit sie gehen kann. Sie möchte herausfinden, ob du ein souveräner, dominanter Typ bist, der sich eine solche Behandlung nicht bieten lässt, oder nur ein weiterer Speichellecker, der schon zufrieden ist, wenn nur ein einziger Sonnenstrahl weiblicher Aufmerksamkeit sein tristes Dasein erhellt.

Die Antwort auf diese sogenannten Shit-Tests liegt im Alphaverhalten. Ich kann es nicht oft genug wiederholen. Am besten lässt du dir ein Motivationsposter mit einem riesigen Alpha-Symbol oder einem imposanten Silberrücken anfertigen, das dich daran erinnert, wer den Göttern das Feuer gestohlen, die Welt in einer Jolle umsegelt und vier Touchdowns in einem Spiel erzielt hat. Ja, verdammt! Es waren Männer! Unbeugsame, ungezähmte Testosterongiganten, die sich vor keiner Frau dieser Welt fürchten. Nicht einmal vor Mutti, egal wie gut sie einen Schuh werfen kann. Genau so ein unerschütterlicher Spitzenkerl musst du werden, und du lässt dich ja nicht von irgendwelchen an den Haaren herbeigezogenen Tests kleinkriegen. So, das wäre geklärt.

Dir kommt es vielleicht so vor, als würde ich den Begriff des Alphas schon inflationär bemühen. Dazu kann ich nur sagen: Stell den Östrogen-Shake weg und trink so etwas nie wieder, Theodor Evelyn Mosby. Dein Erfolg bei den rassigen Stuten und heißen Bräuten steht und fällt mit deinem Auftreten. Barney hat hierzu zwei einfache, aber aussagekräftige Formeln erstellt.

Satz des Brothagoras

Alpha = legendäres Leben + endlose erotische Abenteuer

Beta = triste Einsamkeit + sexuelle Frustration

Wollen Frauen Machos?

Das alles soll nun keineswegs heißen, dass Frauen Angeber und Prahlhanse wollen. Die Tatsache, dass sie sich mit offenkundigen Proleten einlassen, lässt sich dadurch erklären, dass diese schmierigen Machotypen oft die Einzigen sind, die sich nicht von den Mädels kontrollieren lassen. Sie legen trotz ihrer deutlich spürbaren Primitivität klares Alphaverhalten an den Tag. Als Supertypen würdest du die aber trotzdem sicher nicht bezeichnen und das Letzte, was du willst, ist, ein Typ zu sein, der die gesamte Denkarbeit seinem Bizeps überlässt. Keine Sorge, du musst dich nicht mit Anabolika vollspritzen und in Batik-Schlabberhose und Bomberjacke Runden mit deinem Pitbull drehen. Es geht nicht darum, ein aufgepumpter Angeber zu sein. Es bringt dir auch nichts, darüber zu reden, wie toll, stark und männlich du bist. Frauen fahren dann auf dich ab, wenn sie sehen, dass du getreu dieser Eigenschaften lebst und handelst. Die Muckibudenmachos mit Türstehersyndrom sind lediglich deshalb bei den scharfen Hasen erfolgreich, weil sich viel zu wenige Typen trauen, als echter Kerl aufzutreten. Du kannst genauso schöngeistig bleiben, wie du bist. Deine Liebe zur Poesie muss nicht sterben, um ein Superalpha zu sein. Du darfst nach wie vor von Dalí oder Rembrandt schwärmen, ohne dass das deiner Männlichkeit Abbruch tut.

Solltest du dir allerdings regelmäßig Chick Flicks reinziehen oder Diana Ross bis zum Anschlag aufdrehen und wild durch die Wohnung tanzen, dann ist es höchste Zeit, damit aufzuhören. Hör mal, Mann, damit überschreitest du echt Grenzen, die ein Bro niemals, einfach niemals überschreiten darf. Wenn meine Vermutungen in Sachen Weiberfilmen zutreffen, rate ich dir dringend zu einer intensiven Therapie bestehend aus *Rambo* und *Terminator* gepaart mit Bon Jovi und Guns 'n' Roses.

Lass Taten sprechen

Man kann also sagen, dass es Frauen vor allem um das Wie geht und weniger um das Was. Die scharfen Weiber wollen sehen, dass du auftrittst, lebst, sprichst und handelst, als wärst du der Einzige, der für sie infrage kommt. Sie suchen nach einem Typen mit dominantem, unerschütterlichem Verhalten, der das Ganze aber nicht thematisiert. Sätze wie »Hey Schätzchen, ich bin der Größte. Einen tolleren Hecht als mich findest du weit und breit nirgends« entlocken deiner Zielperson bestenfalls ein prustendes Lachen. Worte sind Wind, Taten hingegen haben Aussagekraft. Zeig ihr also mit deinem Verhalten, dass du der absolute Wahnsinnshengst bist – dann wird sie dich anhimmeln.

Dennoch kannst du nicht nur über dein Auftreten punkten. Du wirst dich durchaus auch mit der süßen Maus unterhalten müssen. Dabei ist es entscheidend, dass du dich sowohl ihrer rationalen Seite als auch ihrem Unterbewusstsein widmest. Wenn du mit ihr sprichst, wird der Inhalt von ihrem rationalen Verstand aufgenommen, während die Art, wie du sprichst, direkt auf ihre unterbewusste Instinktebene wirkt. Ich werde dir im Abschnitt »Deine sprachlichen Fähigkeiten« genauer erklären, worauf du dabei im Einzelnen achten musst.

Sei der Dirigent ihrer Emotionen

Ich möchte nun noch etwas näher auf das Thema Gefühle eingehen. Wie du bereits weißt, spielen Emotionen für das schöne Geschlecht eine viel größere Rolle als für uns Hombres. Im Laufe der Menschheitsgeschichte haben die Frauen gelernt, sich auf ihre momentane Gefühlslage zu verlassen, daher handeln sie sehr oft ausschließlich gefühlsmotiviert.

Für dich als erfolgreichen Womanizer bedeutet das Folgendes: Du musst sie in eine positive Gefühlslage versetzen. Ihr Unterbewusstsein wird diese angenehmen Emotionen direkt mit dir in Verbindung bringen. Die Konsequenz: Sie entwickelt Interesse für dich, möchte mit dir Zeit verbringen und dich wiedersehen. Zwischen euch entsteht die erste sexuelle Anziehung.

Dein Ziel ist es also, deine Zielperson in die richtige Stimmung für ein amouröses Abenteuer zu bringen. Wie stellst du das an? Viele Verführer und Player behaupten, es gäbe todsichere Methoden, eine Frau in Stimmung zu bringen. Man muss nur eine Abfolge bestimmter Handlungsmuster durchlaufen und voilà, schon ist sie sexuell von dir abhängig. Ich bin da eher skeptisch. Schließlich gibt es so viele begehrenswerte Bräute auf unserer Welt und jede ist absolut einzigartig. Eine Art Gebrauchsanleitung gibt es daher meines Erachtens nicht.

Eine wirklich sichere Methode, um bei der scharfen Schwedin von nebenan zu punkten, führt jedoch über deinen Humor. Wie alle Menschen lachen Frauen gerne. Diejenigen, die es nicht tun, solltest du sowieso besser links liegen lassen. Humorvolle Frauen sind die besten, denn mit ihnen hat man definitiv am meisten Spaß. Du weißt sicher noch, wie Barneys Fantasie von der Nacht mit einer Braut in Sturmtruppenrüstung in Erfüllung ging. Was denkst du? Hatte Quinn Humor oder war sie eher so lustig wie ein ostmongolischer Steppenreiter? Eben!

Natürlich lacht nicht jede Frau über dieselben Witze. Gewöhne dir deshalb lieber einen spontanen, situationsgebundenen Wortwitz an, statt es immer mit demselben lahmen Joke vom Jäger und dem Bären zu probieren. Auch eine spannende Geschichte kann dich deinem Ziel näherbringen. Die richtige Story kann bei der scharfen Amazone deiner Begierde einen wahren Sturzbach der Gefühle auslösen. Sie wird immer mehr zu Wachs in deinen Händen. Als versierter Betörer fütterst du die Damenwelt mit Emotionen. Du rufst Gefühle in ihnen hervor, die sie tief berühren, während du völlig souverän bleibst. Der echte Supertyp bleibt im Sturm der Gefühle gelassen und selbstsicher. Er lässt sich nicht von weiblichen Gefühlen ablenken oder gar verwirren.

Bewahre einen kühlen Kopf

Wenn du dich in einer Beziehung oder auch nur einer lockeren Affäre befindest, wirst du immer wieder Zeuge unerklärlicher Gefühlsausbrüche werden. Deine Süße wird dir eine Szene machen, ja vielleicht sogar heulen. Deine erste logische Reaktion wird es sein, der Sache auf den Grund zu gehen und sie trösten zu wollen. Genau da liegt jedoch der Fehler. Sie will gar nicht, dass du das tust. Ihr mächtiges Unterbewusstsein interpretiert ein solches Verhalten nämlich klar als unterwürfiges Betaschlaffitum.

Wenn also nicht wirklich etwas im Argen liegt, sondern sie nur unter seltsamen Vorwänden den Wohnzimmerboden mit ihren Tränen flutet, dann lass sie heulen und triff dich mit deinem Bro zum Lasertag.

Diese negativen Gefühle sind für sie fast genauso wichtig wie die positiven. Sie geben ihr einen Grund, sich in den Vordergrund zu drängen, und verschaffen ihr schon bald wieder positive Emotionen in Form von Aufmerksamkeit und Anteilnahme anderer. Doch das ist nicht dein Job. Soll sie sich bei ihrer Freundin ausweinen, das ist der richtige Rahmen. Am besten hörst du ihr gar nicht zu und auf keinen Fall interpretierst du ihr Verhalten. Es wird dich nur unnötig verwirren und damit tanzt du nach der Pfeife ihres Unterbewusstseins. Du wirst betaisiert, und das darf dir nicht passieren. Auf Aussagen wie »Ich bin mir über meine Gefühle für dich nicht im Klaren«, »Ich fühle mich nicht genug geliebt« oder auch Vorwürfe wie »Du verbringst zu viel Zeit mit deinen Freunden« darfst du keinesfalls mit Verständnis reagieren oder ihr gar ewige Liebe schwören.

Ob es die wirklich gibt, ist in meinen Augen sowieso höchst fragwürdig, lass dich also nicht zu Versprechungen hinreißen, die du eh nicht einhalten kannst. Deine Freunde sind dir wichtig, also entscheidest du und nur du allein, wie viel Zeit du mit ihnen verbringst.

Wenn sie sich ihrer Gefühle nicht sicher ist, heißt das übersetzt nur so viel, dass sie dich einfach hammermäßig findet und unter hoher sexueller Anspannung steht, über die sie die Kontrolle zu verlieren droht. Das macht sie unsicher, denn sie ist drauf und dran, sich in dich zu verlieben. In so einer Situation reagierst du ganz locker und ziehst sie ein bisschen auf. Das steigert ihre sexuelle Energie nur noch weiter und ihr steht dann kurz davor, absoluten Wahnsinnssex zu haben. Lass dich von solchen emotionalen Szenen also nicht kleinkriegen, sondern nutze sie zu eurer beider Gunsten.

BROXPERTISE:

Es ist ein nicht aussterbender Mythos, dass Frauen weniger Wert auf Sex legen als Männer. Ich lehne mich jetzt mal ganz weit aus dem Fenster und behaupte, dass Sex für sie sogar noch wichtiger ist als für uns. Sie sind bloß passiver und wählerischer, was ihre Bettpartner angeht. Wenn du ihre emotionale Aufladung also erfolgreich in eine wilde Schlafzimmerolympiade umwandeln kannst, wird sie dich nur noch attraktiver finden. Deine Anziehungskraft auf sie wird als Resultat deines Alphaverhaltens weiter ansteigen, denn ihr Unterbewusstsein wünscht sich genau diese Reaktion von dir. Sie wünscht sich den starken, unabhängigen Supertypen, der die Dinge in die Hand nimmt und sie von der Verantwortung entbindet. Du entscheidest, ihr Drama in Sex umzuwandeln. Dadurch wirst du für sie unwiderstehlich.

Erkenne die Zeichen

Wie du sicher schon vermutest, ist damit längst noch nicht alles zum Thema Frauen gesagt. Du solltest dich eingehend mit weiblichem Verhalten, ihren Erwartungen und Interessen befassen, wenn du das richtige Gespür entwickeln willst. Dazu musst du ihre Körpersprache verstehen. Die nonverbale Kommunikation reicht von ganz eindeutigen Signalen wie einem Lächeln oder einem Winken bis zu subtilen Gesten, die nur das geübte Auge wahrnimmt. Gerade diese unscheinbaren körperlichen Zeichen musst du erkennen. Natürlich ist ein Lächeln immer positiv, aber es ist wohl auch das üblichste und daher am wenigsten aussagekräftige Signal. So richtig interessant wird es, wenn sie ihre Hände, Augen und Lippen einsetzt. Wieder einmal laufen viele dieser Prozesse unterbewusst ab. Sie sind also ein Zeichen dafür, dass ihre instinktive Ebene sich dir immer mehr öffnet. Wenn sie zum Beispiel eine Haarsträhne zwischen die Finger nimmt und mit ihr spielt, ist das ein eindeutiges erstes Zeichen sexueller Erregung. Du bist auf dem richtigen Weg. Mach weiter so. Sie wird den Blickkontakt intensivieren und ihre Augen kaum noch von dir nehmen. Wieder ein Punkt und einen Schritt näher an ihrem Seidenhöschen! Möglicherweise berührt sie zärtlich ihren Nacken oder beißt sich sanft auf die Unterlippe. Das sind schon sehr eindeutige Signale.

Tu es einfach, Bro!

Wenn du noch nicht selbst darauf gekommen bist, ist spätestens jetzt der Zeitpunkt, sie zu küssen. Dabei gibt es nur eine Regel: Frag niemals um Erlaubnis. Das zeugt nur von mangelndem Selbstbewusstsein. Tu es einfach. Du wirst auch immer wieder Frauen begegnen, die dir kein einziges dieser Signale geben, aber trotzdem scharf auf dich sind. Ich versuche, eine schöne Frau daher immer so früh wie möglich zu küssen. Ich warte nicht, bis sie mir unmissverständliche Zeichen gibt. Ich tue es einfach. Natürlich bin ich mit diesem forschen Verhalten auch schon auf Widerstand gestoßen, in der Regel kommt es aber ziemlich gut an und die Mädels lassen sich darauf ein. Auch in Sachen Sex gilt diese Regel. Ehe du auch nur überlegst, ob aus euch vielleicht mehr werden könnte, musst du mit ihr schlafen. Eine Beziehung ohne Sex ist absolut ausgeschlossen. Sexuelle Anziehung und Energie sind die Grundsteine einer jeden Beziehung zwischen Mann und Frau. Dein Ziel ist es deshalb, dich so schnell wie möglich mit der hübschen Mexikanerin aus deinem Tanzkurs in die Horizontale zu begeben. Erst danach seht ihr weiter.

Ein Ausflug in die Welt der Bräute

Auf das eigentliche Gespräch solltest du dich noch etwas vorbereiten. Barney hat durch jahrelanges Aufgabeln und Verführen herausgefunden, dass Frauen wie die meisten Menschen am liebsten über sich selbst reden. Das bedeutet, dass du dich mit Frauenthemen vertraut machen musst, wenn dir nicht recht schnell der Gesprächsstoff ausgehen soll. Keine Angst, du musst jetzt nicht die *Brigitte*, *Vogue*, *Gala* und was es sonst noch an Frauenzeitschriften gibt abonnieren. Es kann aber durchaus nicht schaden, einmal in so ein Heft hineinzuschauen. Von Zeit zu Zeit kann das sogar recht amüsant sein. Wichtig ist dabei, dass du nicht jeden Käse, den du darin findest, auf die Goldwaage legst. Es geht eher darum, einen Überblick über sogenannte Frauenthemen zu gewinnen. Frauen sind sinnliche Geschöpfe. Darin sind wir uns einig. Logischerweise interessieren sie sich daher auch für sinnliche Themen. Dazu gehören Mode und Lifestyle, Musik, kulinarische Freuden in Form ausgefallener Kreationen oder erlesener Weine, aber auch Reisen in ferne Länder und natürlich Kinder und Familie. Diese Liste lässt sich endlos erweitern. Ich erkläre dir später noch, wie du dieses Wissen sinnvoll anbringen kannst.

Zusammenfassend kann man sagen, dass Frauen als sinnliche Geschöpfe sozusagen Sklaven ihrer Gefühle sind. Sie handeln meist aus dem Bauch heraus, also nach ihrer jeweiligen momentanen Gefühlslage. Mach dir deshalb ihre Gefühle zunutze und lerne, wie du positive Emotionen in ihnen erzeugst. Sie werden dich mit diesen Gefühlen in Verbindung bringen und sich nach Stunden intimer Zweisamkeit mit dir sehnen. Übersetzt auf Brolisch heißt das natürlich: Ihr werdet miteinander imkern, bis der Honig fließt.

Deine sprachlichen Fähigkeiten

usammen mit der Macht der Berührung ist dein Mund die Waffe deiner Wahl, wenn es ums Thema Großwildjagd auf weibliche Zweibeiner geht. Es genügt einfach nicht mehr, der stärkste Kerl der Sippe zu sein und die dicksten Triceratopskadaver von der Jagd mitzubringen, um die Schönsten der Schönen zu bezirzen. Und genau darum geht es dir ja. Du willst deine Nächte nicht länger einsam verbringen oder mit kaum annehmbaren Tanten aus der dritten Reihe vorliebnehmen, die du dir erst noch schöntrinken musst. Nein! Du willst endlich selbst bestimmen und die Mädels deiner Wahl in ein schlüpfriges Abenteuer führen.

Mittlerweile hast du Einblick in die weibliche Psyche gewonnen und weißt, dass du mit deinem Auftreten sowohl auf ihren Verstand als auch ihr Unterbewusstsein wirken musst. Ich würde vorschlagen, dass wir hier wieder mit einer kurzen Bestandsaufnahme beginnen. Am besten nimmst du dich dafür beim Sprechen auf. Unterhalte dich mit einem Freund oder noch besser mit einer Freundin oder einer völlig Fremden und verwende die Aufnahmefunktion deines Smartphones. Deinen Freunden kannst du ruhig erklären, warum du das machst. Der schönen Fremden eigentlich auch. Unsicherheit zuzugeben kommt oft viel besser an, als man glaubt. Ein solches Verhalten zeigt, dass du dich nicht schämst, Schwächen offen einzugestehen. Damit signalisierst du gleichzeitig, dass deine Schwächen dich nicht allzu sehr beeindrucken, was natürlich wiederum ein hohes Maß an Unabhängigkeit und Selbstbewusstsein demonstriert. Grundsätzlich würde ich aber nicht so sehr auf persönlichen Schwächen herumreiten. Es kann dir zwar helfen, sympathisch und selbstsicher zu wirken, aber übertreiben solltest du es nicht. Für den Fall, dass es dir unangenehm ist, über dein Vorhaben zu sprechen, kannst du euer Gespräch auch heimlich aufnehmen. Zum Glück hat sich die Technik seit den Neunzigern weiterentwickelt und du brauchst dafür kein Verkabelungssystem in Gettoblastergröße wie Leslie Nielsen in *Die nackte Kanone 2½*. Ein einfacher Diktierstift in der Hemdtasche genügt völlig und lässt dich absolut unverdächtig erscheinen.

Es geht sowieso viel mehr um die Aufnahme selbst als darum, wie du an sie kommst. Du kannst mithilfe solcher Audiodateien feststellen, wie du sprichst, und dann überlegen, wie du damit auf andere wirkst. In der Dolmetscherausbildung beispielsweise haben solche Aufnahmen einen sehr hohen Stellenwert, da man auf diesem Weg eine eindeutige Fehleranalyse durchführen und sich davon ausgehend Schritt für Schritt verbessern kann. Hör dir deine Aufnahmen sorgfältig an und mach dir Notizen dazu.

1. Sprichst du laut und deutlich oder kommt deine Stimme einem schüchternen Flüstern gleich?
2. Wie ist deine Tonlage? Klingt deine Stimme tief und männlich oder eher nach Wiener Sängerknabe?
3. Wie sieht es mit dem Tempo aus? Sprichst du langsam und gut verständlich oder hast du selbst schon Mühe, dem Stakkatofeuer deiner Zunge zu folgen?
4. Wie steht es mit deiner Artikulation? Kommt deine Rede klar und deutlich rüber oder nuschelst du oder stotterst gar?
5. Auch die Betonung ist entscheidend. Erzählst du lebhaft und passt die Betonung dem Inhalt an oder brabbelst du monoton wie ein katholischer Priester auf der Kanzel?
6. Wie reich ist dein Wortschatz? Benutzt du immer wieder dieselben Wörter und Formulierungen oder verfügst du über ein abwechslungsreiches und lebendiges Vokabular?

7. Auch Dialekt kann ein Thema sein. In einer Großstadt kannst du dich schnell dadurch disqualifizieren, dass du sprichst wie ein bärtiger Almöhi. Du musst deinen Dialekt nicht unbedingt ablegen, aber gib dir Mühe, ihn zu entschärfen. Wenn man dich nicht versteht, wirst du in einem Gespräch auch nicht besonders weit kommen.

Noch besser als die reine Audioaufnahme wäre eine Videoaufnahme. Du kannst auch vor dem Spiegel üben. Entscheidend ist, dass sowohl deine Gestik als auch deine Mimik zu deiner Rede passen. Du solltest eine lustige Geschichte niemals ausdruckslos erzählen oder gar einen gequälten, unzufriedenen Gesichtsausdruck machen. Das würde nur zeigen, dass du selbst sie gar nicht witzig findest. Lächle also, halte Blickkontakt, sprich laut und deutlich. Erzähle mit Leidenschaft. Ist doch egal, wenn dich die ganze Kneipe hört. Du hast schließlich Spaß, und genau das will die süße blonde Krankenschwester auf dem Barhocker neben dir von einem Mann. Wenn du zeigst, dass du dich amüsierst, wird sie es auch tun. Halte dich also nicht unnötig zurück. Lache laut und ausgelassen und unterstreiche wichtige Passagen deiner Story mit weit ausholenden Gesten und einer lebendigen, aktiven Mimik.

Geh raus und lebe

In puncto Sprache gilt wieder dieselbe Regel wie bei Status, Dominanz und Selbstbewusstsein. Geh raus! Unterhalte dich mit den Menschen. Frage sie nach ihrem Leben, ihren Gefühlen, ihren Träumen und Wünschen. Erzähle auch von dir. Sei nicht schüchtern und hör auf mit Gedanken der Kategorie Selbstbehinderung wie zum Beispiel »Das interessiert doch eh keinen« oder »Wer möchte schon meine langweiligen Storys hören?«. Wenn du wirklich nur langweilige Geschichten draufhast, ist das nur ein weiterer Grund dafür, öfter rauszugehen und etwas zu erleben. Gib deinem Leben einen saftigen Tritt, denn von selbst wird es sich nicht verbessern. Du musst aktiv werden, um dich interessant zu machen. Anfangs wirst du womöglich nur kurzen Kontakt zu Fremden haben, weil entweder sie oder du selbst das Gespräch beenden. Lass dich davon nicht abschrecken. Mit jeder Konversation werden deine kommunikativen Skills besser. Wenn du eine Geschichte das zehnte Mal erzählst, wirst du sie schon viel spannender gestalten können als beim ersten Mal. Und ehe du dich versiehst, hast du Spaß am Gespräch mit Fremden und lernst scharenweise neue interessante Leute kennen.

Du musst also raus aus deinem barocken Schneckenhäuschen und es einfach wagen, mit den Menschen in Kontakt zu treten. Sicher wirst du dabei auch immer wieder auf Widerstand stoßen, aber das ist kein Grund, sich entmutigen zu lassen. Die Welt besteht nun mal nicht nur aus Klassefrauen und Supertypen. Es ist immer mal wieder eine unsympathische Zicke oder ein arroganter Schnösel darunter. Mit denen brauchst du dich ja nicht näher zu beschäftigen. Sieh es als Erfolg an, dass du auf sie zugegangen bist, nimm es als Kommunikationstraining. Wie bei jedem Training gibt es auch unangenehme Abschnitte, aber das gehört eben dazu. Oder willst du mir ernsthaft erzählen, dir würden Sit-ups Spaß machen?

Auch Romane und Kurzgeschichten bringen deine sprachlichen Fähigkeiten enorm nach vorne. Sie erweitern deinen Wortschatz und beleben deine Vorstellungskraft. Ein Mann, der sich mit Literatur beschäftigt, kann die coole Geschichte vom letzten Pokerabend mit Woody Allen viel spannender und lebhafter erzählen als ein Typ, dessen einzige Lektüre die kleinen Zettel in den Glückskeksen beim Schnellchinesen sind.

Irgendwann hast du dann einen Wortschatz legendären Ausmaßes und bist schlagfertig und redegewandt. Jetzt musst du nur noch die richtigen Worte in der richtigen Situation finden. Die sexy Stewardess, auf die du es abgesehen hast, wünscht sich einen Supertypen, der einerseits unmissverständliches Alphaverhalten an den Tag legt, andererseits aber auch auf emotionale Art und Weise spricht. Du bist ein Kerl aus Fleisch und Blut, kein in Stein gemeißelter tonnenschwerer David. Es ist also nicht nur okay, Gefühle zu haben und zu zeigen, sondern vielmehr ein wichtiger Schritt auf deinem Weg zur ruhmreichen Eroberung.

BARNEYS TIPP:

Achtung! Da kommt gerade eine Eilmeldung rein! Die heißen Geschosse fahren um so vieles mehr auf Typen ab, die souverän mit Worten umgehen können, humorvoll und witzig sind, als auf schweigsame Halbeunuchen, die sich gekonnt vor jeder Unterhaltung drücken. Wenn du dir also schwertust, in Gesellschaft eine legendäre Anekdote zu erzählen oder einen Spitzenwitz zum Besten zu geben, ohne einen Stotteranfall der Stärke 6,5 zu bekommen, dann rate ich dir dringend, einen Logopäden aufzusuchen. Ein guter Logopäde bringt dir bei, wie du Kontrolle über deine Zunge erlangst. Solltest du stark lispeln oder nuscheln und deshalb Angst davor haben, den Mund aufzumachen, findest du dort ebenfalls fachmännische Hilfe. Wenn du die Sache absolut professionell angehen willst, setzt du gleich noch einen Rhetorikkurs obendrauf. Damit wirst du deine sprachlichen Fähigkeiten in wenigen Wochen derart aufmotzen, dass du vor großem Publikum eine Rede über das Paarungsverhalten des Kaiserpinguins halten kannst, ohne dabei rot zu werden. Das abendliche Gespräch mit dem flotten Hüpfer an der Bar ist im Vergleich dazu ein absolutes Kinderspiel.

Let's talk about love, baby

Wenn du über deine Wünsche und Träume sprichst, dich der Hübschen neben dir damit öffnest, solltest du geschickt Ausdrücke wie »Liebe«, »Geborgenheit«, »Familie«, »Wärme«, »Freiheit«, »Abenteuer« und und und in deine Rede einbauen. Solche Wörter sind mit starken Emotionen verbunden. Das fesselnde Früchtchen hört sie, und – schwups – ist sie in den entsprechenden Gefühlszustand versetzt. Und das alles nur dank dir und deiner gefühlvollen Art. Du wirst noch zum richtigen Schlitzohr, du kleiner Freibeuter der Negligés.

Begeisterung und Leidenschaft

Ein spannendes Gespräch erfordert, dass ihr beide redet. Du solltest also in keinen Monolog verfallen, selbst wenn sie dir an den Lippen klebt. Fordere sie ruhig auf, auch mal von sich zu erzählen. Du kannst scherzhaft so etwas sagen wie »Wenn du einen Expertenvortrag von mir hören willst, dann musst du dafür auch Eintritt bezahlen«. Bist du dann allerdings an der Reihe und erzählst davon, wie du deinen zweiten Nobelpreis gewonnen hast, dann musst du das Ganze voller Begeisterung vermitteln. Nur wer selbst Begeisterung ausstrahlt, steckt sein Gegenüber damit an. Ohne Begeisterung in der Stimme und das viel zitierte Glänzen in den Augen kann die hammermäßigste Story zu einem langweiligen Flop verkümmern. Du solltest also viele Adjektive wie »super«, »unglaublich« oder »legendär« verwenden und immer mal wieder Sätze wie »Das war echt der Hammer« einstreuen und sie auch mit der entsprechenden Überzeugung betonen.

Die Kunst der Pause

Auch die Kunst der Pause darfst du nicht vergessen. Viel zu oft redet man einfach drauflos, ohne dem Gegenüber Zeit zu geben, wichtige Information sacken zu lassen und zu verdauen. Gerade nach dem Hallo ist eine kurze Pause angebracht. Du unterbrichst sie schließlich gerade. Vielleicht unterhält sie sich mit jemand anderem, schaut sich gerade ein Schaufenster an oder schreibt eine SMS. Was auch immer sie tut, mit einer kurzen Pause gibst du ihr Zeit, sich auf die neue Situation einzustellen. Sie bekommt nicht den Eindruck des »Überfalls«. Auch im Gespräch kannst du immer mal wieder eine Pause machen. Die Unterhaltung sollte nicht einschlafen, aber du musst auch nicht ohne Punkt und Komma reden. Lehne dich entspannt zurück, wenn du ausgeredet hast, und warte auf ihre Reaktion. Nutze das Schweigen für intensiven Blickkontakt. Möglicherweise ist sie ja schon so weit, dass sie dich küssen will. Verdirb das nicht durch weiteres Gerede.

Natürlich kann man die Techniken Cocky & Funny sowie Push & Pull auch im Gespräch anwenden. Sie sind das große Einmaleins der Verführungskunst. Wie sie funktionieren, habe ich bereits erklärt. Ihre konkrete Anwendung in der entsprechenden Situation zeige ich dir noch genauer im Kapitel 4 »Das Gespräch«.

Ich möchte dieses Kapitel mit einem letzten Rat abschließen. Du wirst Anschauungsmaterial brauchen. Natürlich bringt es dich weiter, dich selbst auf Video aufzunehmen und vor dem Spiegel zu üben. Am meisten lernt man jedoch von den Meistern ihres Fachs. Ich denke da zum Beispiel an George Clooney und Brad Pitt in der *Ocean's*-Trilogie, vor allem aber an den glanzvollen und unerreichten Womanizer Barney Stinson. Diese drei Supertypen haben etliche Gemeinsamkeiten: Sie sind immer völlig entspannt, wenn sie sich mit einer geilen Braut unterhalten. Sie lassen sich nicht aus der Ruhe bringen, setzen Berührungen gekonnt ein, signalisieren Selbstvertrauen mit relaxter Körpersprache, sprühen vor Humor und genießen das Gespräch. Du sollst jetzt nicht losgehen und Barneys Art detailgetreu kopieren, sonst würde dich jede Perle nur für einen charakterlosen Blender halten. Achte vielmehr auf die Gesten und die verschiedenen Gesichtsausdrücke, die Körperhaltung, Lautstärke und Betonung. Nimm Barneys Auftreten als Gedankenanstoß und arbeite dann an deiner eigenen Version des selbstbewussten Ladykillers.

Tänzerisches Geschick

Frauen tanzen gerne! Das ist eine Tatsache des Lebens. Ein Typ, dessen zweites Zuhause die Tanzfläche ist, hat daher klare Vorteile gegenüber den übrigen hüftlahmen Holzbeinen. Ich kann mittlerweile schon nicht mehr zählen, wie vielen scharfen Stuten ich, ohne ein Wort zu sprechen, auf dem Tanzparkett diverser Klubs und Discos näher gekommen bin. Wenn du jetzt glaubst, ich hätte den schwarzen Gürtel in Salsa, Tango und Merengue, könntest du gar nicht weiter von der Wahrheit entfernt sein. Ich bin kein wahnsinnig guter Tänzer, und du musst das auch nicht sein. Viel wichtiger ist, dass du dich auf der Tanzfläche wohlfühlst. Dort ist es laut, eng und stickig. Man wird immer mal wieder angerempelt und aus dem Takt gebracht, aber das darf dich nicht weiter stören. Öffne dich einfach für die Musik und bewege dich im Takt. Verzichte am besten auf gewagte Manöver mit deinen Armen. Lass den Robodance zu Hause und auch den Sprinkler gewöhnst du dir umgehend ab. Du kennst Artikel 15:

Ein Bro tanzt niemals mit den
Händen über dem Kopf.

Das Einzige, was du tun musst, ist: einen Schritt nach links, dann wieder einen nach rechts. Die Hände hältst du dabei entspannt auf Hüfthöhe. Wenn du möchtest, bewegst du sie im Takt abwechselnd leicht nach vorn und wieder zurück. Du musst nicht den ganzen Klub mit halsbrecherischen Salsa-Einlagen à la Ben Stiller in *Und dann kam Polly* beeindrucken. Ebenso wenig musst du die gesamte Tanzfläche für dich erobern. Wieder einmal geht es vielmehr um dein Selbstbewusstsein und dein Selbstverständnis als Mann. Halte dich aufrecht. Brust raus und Kopf nach oben. Dein Blick schweift ganz entspannt durch die Menge, deine Lippen deuten ein Lächeln an. Deine Haltung und Ausstrahlung zeigen unmissverständlich: *Ich fühle mich hier wohl und gehöre hierher.*

Den wilden Tänzerinnen wird das nicht entgehen. Die Kommunikation auf der Tanzfläche läuft hauptsächlich über Blickkontakt und Zeichensprache. Meistens ist es einfach zu laut, um sich mit Worten zu verständigen. Wenn dich ein Mädel also mit ihren Blicken nicht loslässt, dir vielleicht sogar zulächelt, dann lächelst du zurück und winkst. Tanze zu ihr hin und berühre sie beiläufig. Du brauchst dabei kein Wort zu sagen. Lächle einfach, sieh ihr in die Augen und tanze mit ihr. Nach und nach kannst du dich weiter vorantasten. Nimm sie an der Hand und tanze weiter. Wenn sie positiv darauf reagiert, ihren Blickkontakt beispielsweise noch verstärkt, kannst du die Berührung intensivieren. Verkleinere den Abstand zwischen euch, tritt näher an sie heran und lege deinen Arm um ihre Hüfte. Selbst wenn sie die absolute Tanzgöttin ist, lässt du dich nicht aus dem Konzept bringen. Bleib einfach dabei: *one step left and one step right*, wie schon Lou Bega wusste. Wenn sie allen ihre Tanzkünste vorführen muss, genieße es einfach, ihr zuzusehen, aber glaub nicht, dass du deshalb auch gleich verpflichtet bist, einen Breakdance auszupacken. In Sachen Tanzen gilt für den Mann ganz klar die Regel: Weniger ist mehr!

Laut, eng, dunkel – das perfekte Jagdrevier

Hast du dich schon einmal gefragt, warum die Musik in den meisten Nachtklubs und Dissen so laut ist, dass man sich nicht unterhalten kann? Glaubst du, dass die DJs es ganz einfach übertreiben, oder könnte da auch mehr dahinterstecken? Natürlich ist das gewollt. Warum gehen denn die meisten Leute in diese Klubs? Richtig, Discos sind das perfekte Jagdrevier. Frauen gehen dorthin, um Männer kennenzulernen, und umgekehrt ebenso. Die laute Musik macht eine Unterhaltung so schwer, dass man sie überspringen und gleich auf ein körperliches Level übergehen kann. Wahre Geschichte!

Für den Fall, dass du schon ganz blass geworden bist und dich allein beim Gedanken ans Tanzen nass machst, kannst du es auch ganz bleiben lassen. Ein Mann muss nicht unbedingt tanzen, um entzückende Discograzien zu erobern. Du lässt dir damit allerdings ein mehr als üppiges Jagdrevier durch die Lappen gehen.

BARNEYS TIPP:

Wenn du es partout nicht schaffst, deinen Allerwertesten vom Barhocker zu heben und dich unter die Menge der Tanzenden zu mischen, das aber gerne ändern würdest, wird dir mit Sicherheit ein Tanzkurs weiterhelfen. Dort lernst du die Grundbewegungen von Profis und kannst mit ihrer Hilfe an deinem Rhythmusgefühl arbeiten. Das ist an sich alles, was du zum Tanzen im Klub brauchst. Du willst ja keine Pokale auf den diesjährigen internationalen Bossa-nova-Meisterschaften abräumen, sondern vielmehr den Hauptpreis der internationalen Balzmeisterschaft gewinnen.

Hast du schon einmal daran gedacht, ein Musikinstrument zu erlernen? Es gibt wohl kaum etwas, das die Herzen der Bräute schneller zu Pudding werden lässt als ein geübter Pianist. Auch der Gitarre und Querflöte werden wahre Zauberkräfte zugeschrieben. In Rockbands ist es angeblich immer der Schlagzeuger, der die meisten scharfen Groupies absahnt. Barney spielt 83 Musikinstrumente und hat damit den Rhythmus voll und ganz in sich aufgenommen. Er hat ihn im Blut und die Frauen lieben seine musikalische Seite. Natürlich kommt das auch seinen tänzerischen Fähigkeiten zugute. Rhythmusgefühl ist in erster Linie eine Frage des Ohrs und das Ohr oder besser gesagt das Gehör lässt sich trainieren.

Wenn Slash schon immer dein Vorbild war und du schon seit deiner Kindheit Gitarre spielen wolltest, aber nie den entscheidenden Schritt gewagt hast, dann geh am besten noch heute los und melde dich für den Unterricht an. Zum einen macht es Spaß, zum anderen bereicherst du dein Leben um eine Facette und obendrein wirst du, sobald du die ersten Songs klimpern kannst, eine ordentliche Portion Selbstvertrauen daraus schöpfen können (ganz zu schweigen davon, wofür du deine neu erlernten Fingerfertigkeiten noch nutzen kannst). Schließlich ist es allein dein Verdienst, dass du diese legendäre neue Fähigkeit erworben hast. Wie bereits gesagt, entwickelst du damit auch ein Gefühl für Musik, was dir wiederum auf der Tanzfläche zugutekommt. Auf den Zylinder und den schwarzen Afro würde ich aber trotzdem verzichten. Es gibt nur einen, dem dieses Outfit zusteht.

Der Wingman

Jeder Bro muss einen anderen Bro
als Wingman haben.

So steht es geschrieben. Natürlich hast du dir eine High-Five dafür verdient, ganz allein auf die Pirsch zu gehen. Das erfordert eine Menge Mut und wahrscheinlich lernst du auf diese Art auch am meisten, da du völlig auf dich allein gestellt bist. Ein Jagdausflug mit einem begabten Wingman oder Kopiloten an deiner Seite macht aber in der Regel einfach mehr Spaß, außerdem könnt ihr euch gegenseitig unterstützen. Gerade wenn du mit deinem Wingman um die Häuser ziehst und die Mütter besser ihre Töchter einsperren sollten, gibt es eine Reihe von Regeln zu beachten. Ich würde dir also raten, den *Bro Code* noch einmal ganz genau zu studieren, damit du und dein Bro auch das korrekte Jagdverhalten an den Tag legt.

Widmen wir uns erst einmal der Auswahl des besten Kopiloten. Du kannst natürlich ein Casting veranstalten und mithilfe eines umfassenden Kriterienkatalogs in mehreren Qualifikationsrunden bis zum spannenden Finale den ultimativen Wingman aus der Masse der Bewerber herausfiltern. Ich würde aber gar nicht so weit in die Ferne schweifen. Sicher hast du ein paar gute Freunde und vielleicht ist der eine oder andere von ihnen ein stolzer bengalischer Tiger in Freiheit und noch nicht zum gezähmten Schmusekätzchen in Gefangenschaft verkümmert. Such dir also einen Bro, der wie du Single ist. Sorge dafür, dass er die Regeln des

Bro Codes schnell wie Schießpulver ausspucken kann, wenn du ihn um drei Uhr nachts aus dem Tiefschlaf reißt. Wenn er diese Kriterien erfüllt, ist dein bester Freund natürlich die ideale Wahl. Wenn nicht, frage ich mich ernsthaft, was für ein schräger Vogel dein bester Freund ist. Aber keine Sorge, bleib dran und er wird noch zu einem legendären Wingman, der sich mit dem ungeheuren Dwayne messen kann. Pass bloß auf, dass ihm nicht dasselbe Schicksal widerfährt wie Dwayne, sonst musst du schon bald nach einem neuen Wingman suchen. Sieh dir also Artikel 63 des *Bro Codes* noch einmal genau an. *Brophylaxe* wird aus gutem Grund großgeschrieben, selbst wenn ihr eure kleinen Kumpels darauf trainiert habt, in die andere Richtung zu schwimmen.

Den Großstadtdschungel ganz allein zu durchkämmen, nur im Maßanzug und mit einem Smartphone mit hochauflösender Kamera bewaffnet, ist ganz sicher die Königsdisziplin. Ein Wingman kann dir die Eroberung aber gerade am Anfang extrem erleichtern. Ihr geht also zu zweit in eure Bar und zeigt den Bräuten, wo der Stier die Kiemen hat. Sollte die Bro-Braut-Quote jedoch ausnahmsweise unter 1:1 liegen, wechselt ihr besser das Revier, sonst kommt ihr euch am Ende noch gegenseitig in die Quere. Grundsätzlich gilt natürlich die Regel, dass derjenige von euch Anspruch auf die geile Halbasiatin hat, der ihn zuerst angemeldet hat. Solltet ihr darüber in Streit geraten, lest Artikel 62 des *Bro Codes* noch mal genau durch. Darin ist jede erdenkliche Situation geregelt.

Maverick und Goose[6]

Ihr seid zu zweit unterwegs, Maverick und Goose auf dem Highway in die Gefahrenzone. Ihr passt aufeinander auf und stellt die wilde Weiberwelt mal so richtig auf den Kopf. Siehst du die zwei da drüben? Könnten Libanesinnen sein, was meinst du? Egal, sie sind scharf. Ihr

6   Legendäre Kampfpiloten aus dem Kultfilm *Top Gun*

geht also ganz entspannt zu den beiden rüber, quatscht sie an und trinkt zusammen etwas. Du bringst die eine heiße Exotin zum Lachen, dein Wingman die andere. Nach einiger Zeit trennen sich eure Wege und du hast hammermäßigen Sex mit einem libanesischen Bikinimodel. Sie ist glücklich, du bist glücklich. Mission erfüllt.

Das war jetzt allerdings der bestmögliche Fall. Es kann durchaus auch anders laufen. Möglicherweise stellt sich heraus, dass ihr beide dem Cheerleader-Effekt zum Opfer gefallen seid und nur eine der beiden wirklich heiß ist. Die andere hat sich lediglich im Glanz ihrer Freundin gesonnt und sieht aus der Nähe eher aus wie der Feuer speiende Drache und weniger wie die holde Jungfer. In diesem Fall solltest du schnell deinen Anspruch auf die scharfe Tante anmelden, denn dann ist dein Wingman gezwungen, in den sauren Apfel zu beißen, und muss sich um Miss Augenbrokkoli kümmern. Glaub mir, niemand beißt gern in den sauren Apfel, aber besser er als du.

Das Schöne an einem Wingman sind die schier unbegrenzten Möglichkeiten, die sich dir bieten. Ihr könnt Frauen auf viel elegantere Weise ansprechen, als es dir allein möglich ist. Ihr könnt ganz leicht ein Spiel daraus machen. Wenn ihr neben einer Gruppe heißer Hasen (Cheerleader-Effekt beachten) steht, weigert sich dein Wingman plötzlich lautstark, deine soeben geäußerte Behauptung zu glauben. Also wendest du dich an die Mädels und fragst sie nach ihrer Meinung. Schon seid ihr im Gespräch. Dabei kannst du ruhig völlig haltlose und absurde Behauptungen aufstellen. Es geht darum, die Ladys auf humorvolle Art in ein Gespräch zu verwickeln. Belege deine Thesen mit frei erfundenen Studien und vergiss das Augenzwinkern dabei nicht. Schließlich willst du ja keine Lügen verbreiten, sondern lediglich ein bisschen flirten. Gerne erzähle ich zum Beispiel die Geschichte von Aristoteles Onassis, der sich für seine Jacht einen ganzen Satz Barhocker aus Pottwal-Penissen anfertigen ließ. Die meisten Leute halten diese Story für reine Erfindung und glauben sie nicht. Sie bietet allerdings einen großartigen und herrlich absurden Einstieg in ein Gespräch.

Ihr seid die Ausnahme

Viele Leute gehen abends aus, um sich von ihrem Alltag zu lösen. Sie wollen ihren langweiligen Job und ihre täglichen Problemchen für kurze Zeit vergessen. Ernste Gespräche sind daher oft fehl am Platz. Sieh dich und deinen Wingman als lustige Entertainer des schönen Geschlechts. Spiele jedoch niemals den Clown. Entführt sie aus dem tristen Alltag und erschafft witzige und spannende Wirklichkeiten. Wenn mich die schöne Helena fragt, was ich beruflich mache, dann antworte ich durchaus mal »Astronaut« oder »Raubtierdompteur«. Wenn sie nicht völlig weich im Kopf ist, wird sie schon checken, dass ich nur ein wenig flunkere. Aus so einer Antwort kann aber ein viel interessanteres Gespräch entstehen, als wenn ich stattdessen »Bankkaufmann« gesagt hätte. Wie spannend ist das schon? Da erzähle ich doch lieber, wie eng es da oben auf der ISS zugeht und was wir da für legendäre After-Work-Partys feiern. Auch wie ich meine tasmanischen Teufel und Krokodilpinguine dressiere, ist viel aufregender als das tägliche Kundengespräch mit Oma Schuster am Sparkassenschalter.

Du und dein Wingman, ihr seid die berühmte Ausnahme. Ihr seid die Männer, die anders sind. Das sieht man schon daran, dass ihr viel mehr Spaß habt als alle anderen. Ihr seid gut gelaunt, perfekt gekleidet, trinkt Scotch, der bereits so alt ist, dass er seinen eigenen Scotch bestellen darf, und bietet den schönen Bräuten die ersehnte Abwechslung, die Flucht aus dem Alltag in den Sonnenuntergang Legenderikas.

Euren hohen Status erkennt man auf den ersten Blick. Ihr seid beide männlich, dominant und selbstbewusst, aber gleichzeitig völlig entspannt, humorvoll und erfrischend. Ihr scheut euch nicht vor dem Gespräch mit einer umwerfenden Zehn, sondern bringt sie direkt mit eurer originellen Art zum Lachen.

Ein Wingman zu sein ist keine Einbahnstraße

Ein weiterer Vorteil des Wingmans liegt darin, dass er für dich Frauen anspricht und du für ihn. Da gibt es natürlich Barneys Klassiker »Hey, kennen Sie …?« Probiert das ruhig ein paarmal aus. Du wirst sehen, es funktioniert. Das Tolle an dieser Methode ist, dass dir der Bammel vor dem Ansprechen genommen wird und deinem Ego keine Zeit bleibt, sich irgendwelche blödsinnigen Ausreden einfallen zu lassen. Dein Wingman sucht eine hübsche Zielperson aus, tippt ihr auf die Schulter, deutet auf dich und fragt, ob sie dich schon kennt. Dann verschwindet er auch schon und du bist allein mit der scharfen Brünetten. Auf diese Weise kommt ihr mit unglaublich vielen Mädels in kurzer Zeit in Kontakt und könnt an euren Verführungskünsten arbeiten, ohne schon am ersten Schritt, also dem Ansprechen, zu scheitern. Natürlich läuft dieses Spiel in beide Richtungen. Das heißt, ihr wechselt euch ab. Einmal sprichst du eine Frau für deinen Wingman an, dann er wieder für dich. Das Ganze ist wirklich kinderleicht. Es hat sogar schon Dutzende Male mit Ted funktioniert. Für dich ist das Ganze also eine sichere Nummer.

DER TEUFELSDREIER

Wenn du mit deinem Wingman unterwegs bist, wird sich euch früher oder später die Gelegenheit zum Teufelsdreier bieten. Seid nicht verklemmt und packt die Gelegenheit beim Schopf und vernascht die Kleine zu zweit. Das wird ein Riesenspaß. Aber Vorsicht ist geboten.

Zwischen Bros gibt es beim Teufelsdreier keinen Blickkontakt.

Die Wingwoman

Ich habe schon erwähnt, dass Frauen einfach super Kopiloten abgeben. Ach, was sag ich. Die Wingwoman ist der beste Kopilot, den es gibt. Sie ist mehr wert als Diamanten, handgemachte Schuhe aus Italien, ja sogar mehr als ein Motorboot. Warum ist das so?

Studien zeigen, dass Bräute dem Gespür anderer Bräute vertrauen. Wenn du also die Bars in Begleitung einer knackigen Kopilotin unsicher machst, werden die ganzen rassigen Mädels in eurer Umgebung ihrem Geschmack vertrauen und wie wild mit den Hufen scharren. Sie verleiht dir einen hohen gesellschaftlichen Status, aber da steckt noch mehr dahinter. Ein zusätzlicher Pluspunkt der Wingwoman liegt darin, dass sie ganz anders auf ihre Geschlechtsgenossinnen zugehen kann als ein Mann.

BROXPERTISE:

Hier ein weitverbreiteter Irrtum für zwischendurch: Typen denken oft, dass Frauen sie erst wahrnehmen, wenn sie auf sie zugehen oder sie ansprechen. Das Gegenteil ist der Fall. Die Mädels da draußen haben feine Antennen und einen guten Überblick über ihre Umgebung. Du kannst dir also sicher sein, dass sie dich schon gesehen hat, ehe du auf sie zugehst. Und wahrscheinlich hat sie sich auch schon ein Bild von dir gemacht. In den wenigen Sekunden vom ersten Blickkontakt bis zum Ansprechen gehen in ihrem Kopf schon mehr Gedankengänge ab, als Kanadier Donuts essen. Sie schätzt dich anhand deines Aussehens ein, beurteilt deine Körperhaltung und Ausstrahlung. Sie fragt sich, ob sie sich zum tausendsten Mal die alberne Frage, ob sie einen Spiegel in der Hosentasche habe, anhören muss, und hofft insgeheim, dass du anders bist und sie origineller ansprichst.

Wenn deine Kopilotin auf sie zugeht, fallen viele dieser Ad-hoc-Urteile weg. Natürlich werden ihr Gedanken durch den Kopf gehen wie zum Beispiel »Wo hat sie nur diese süßen Peep-Toes[7] her?« oder »Warum steht ihr diese Frisur so viel besser als mir?«. Die üblichen Befürchtungen, von irgendeinem Hanswurst angelabert und gelangweilt zu werden, fallen aber weg. Sie ist deshalb in einer ganz anderen Stimmung und kein bisschen voreingenommen. Da sie nicht mit einer Anmache rechnet, ist sie völlig unbefangen. Kein Grund, ihren Bitch-Shield hochzufahren, schließlich will ihr deine scharfe Kopilotin ja nicht an die Wäsche. Du kannst dich dann etwas später ganz locker in das Gespräch einklinken und das Thema Wäsche spielt an diesem Abend womöglich doch noch eine Rolle für sie.

Sicher werden einige Bräute deine Wingwoman für deine Freundin halten. Umso besser. Ein Typ mit Freundin ist noch viel interessanter. Du kennst sicher den Spruch »Hast du keine, kriegst du keine. Hast du eine, kriegst du alle«, Weise Worte, Bro, weise Worte.

Falls du es noch nicht weißt: Ein Meister der Verführung spricht immer und überall heiße Bräute an, du kannst also nicht immer auf die Unterstützung deines Wingmans bauen. Dennoch kann ein detailorientierter Wingman von unschätzbarem Wert sein. Nutze also die dir zur Verfügung stehenden Mittel. Der Weg zum legendären Eroberer ist schließlich lang und steinig und zu zweit läuft es sich einfach leichter.

---

7 Pumps mit einer kleinen Öffnung vorn; beliebt bei Rockergören, Divas, ach, bei einfach allen Bräuten

Deine Strategien

*D*u hast jetzt schon ziemlich viel und noch viel mehr über den Womanizer Barney Stinson gehört. Er ist der Supertyp, der alle anderen Kerle in den Schatten stellt. Sein Ruf als Herzensbrecher hallt durch die Straßen New Yorks und noch viel weiter. Seine Art, sein Auftreten, seine Männlichkeit lassen sich einfach nur als legendär bezeichnen.

Du selbst hast dich bis hierher aber auch schon bedeutend weiterentwickelt. Der fransige Möchtegernbart ist ab, die Dreadlocks sind Geschichte und die viel zu große Achtklässlerbaggy ist endlich bei der Kleidersammlung gelandet. Stattdessen bist du ein gepflegter und gut gekleideter junger Mann geworden, der sein Wissen über Frauen ausbaut, an seinem Selbstbewusstsein arbeitet und Nacht für Nacht mit seinen Freundinnen und Freunden um die Häuser zieht. Kurz und knapp: Du befindest dich auf der Überholspur in Richtung Legende.

Die große Kunst liegt nun darin, all dein neu gewonnenes Wissen so anzuwenden, dass du dem großen Spiel des Verführens und Verführtwerdens deinen persönlichen Stempel aufdrücken kannst. Es geht darum, deine neuen Fähigkeiten auf deine ganz eigene Art auszuleben. Ich drücke das Ganze am liebsten so aus: Um ein erfolgreicher Ladykiller zu werden, musst du dich verändern, darfst aber kein anderer werden. Das heißt so viel wie: Mach dir Alphaqualitäten zu eigen, tritt selbstbewusst und dominant auf, sei locker und lustig, aber bleib trotz allem du selbst.

Klingt gar nicht so einfach, wie? Es hat auch keiner gesagt, dass deine Metamorphose vom Bankdrücker zum Stammspieler immer ein

Zuckerschlecken sein wird. Da steckt harte Arbeit drin. Der Weg zum magischen dreistelligen Score ist gepflastert mit Körben, Abfuhren und Zurückweisungen. Die Kunst liegt darin, diese negativen Reaktionen beiseitezuschieben und sich auf das Positive zu konzentrieren. Ich wage mich mal auf dünnes Eis und behaupte, dass das ganze Leben nur eine Frage der Perspektive ist. Schau also auf die Sonnenseite und häng dich nicht an einzelnen Körben auf. Akzeptiere einfach, dass sie dazugehören. Was meinst du, wie viele Drinks Barney schon ins Gesicht geschüttet wurden? Hat er deshalb aufgehört oder lockergelassen? Nicht das kleinste bisschen, Bro.

Um deine eigenen Strategien zu entwickeln, wirst du in erster Linie eine lockere und ungezwungene Art entwickeln müssen. Das läuft nur über den Kontakt zu Menschen. Vielen Menschen. Je mehr, desto besser. Du näherst dich Fremden – Männern oder Frauen – ganz unverbindlich an, als wäre es das Normalste der Welt. Versuche nicht, krampfhaft irgendwelche auswendig gelernten Szenarien abzuspulen, tritt lieber ganz spontan und natürlich auf.

Deine hervorstechenden Eigenschaften sind Selbstbewusstsein, Schlagfertigkeit, Humor und Intelligenz. Plumpe Annäherungsversuche führen zu nichts. Schmeiß deine Liste mit Anmachsprüchen also am besten gleich ins Altpapier und merke dir den einzigen, den du wirklich brauchst. Bist du bereit? Am besten hältst du dich irgendwo fest, denn das hier wird deine Welt erschüttern. Der einzige Spruch, den du brauchst, um eine scharfe Braut anzusprechen, lautet: »Hi!« Das war's. Wenn dir das zu wenig ist, dann probier es mit: »Hi, wie geht's?« Das genügt. Kein »Hey, mein Name ist ... Den solltest du dir merken, denn du wirst ihn die ganze Nacht schreien«. Auch wenn du das zum Schießen komisch findest, deine Zielperson wird höchstens über dich lachen, wenn du ihr so einen Proletenquatsch vor den Latz knallst.

Lass sie im Dunkeln tappen

Ich habe vorhin schon Sun Tsu zitiert. Sein Werk *Die Kunst des Krieges* lässt sich auf so gut wie jeden Bereich des zwischenmenschlichen Lebens übertragen. Lies es am besten einmal oder auch öfter. Es wird dir ganz neue Denkweisen eröffnen und ist auch ein ganz dünnes Büchlein, das man in ein, zwei Stunden durchhat.

Sun Tsu spricht darin von der Kunst, den Gegner gezielt zu verwirren. Im Umgang mit den sexy Sternchen unseres Planeten ist das ein Kunstgriff, den du dir zu eigen machen solltest. So erscheinst du mysteriös und geheimnisvoll. Wie du das im Einzelnen anstellst, wirst du schnell genug herausfinden. Gib einfach nicht alles von dir preis. Lass Fragen offen und stelle stattdessen Gegenfragen. Sei unberechenbar und gib ihr Antworten, mit denen sie auf keinen Fall rechnet. Ich möchte an dieser Stelle betonen, dass der Weg ins Schlafzimmer einer kessen Biene nicht über Lügen und Manipulation führt. Trotzdem musst du nicht immer die ganze Wahrheit sagen. Wenn sie sich deiner schon sicher ist, dann verwirrst du sie am besten mit einem Kommentar, der sie infrage stellt. »Ich finde dich ja wirklich spannend, aber dein gieriger Blick macht mir doch ein bisschen Angst. Du musst wissen, ich bin nicht so einer …«

Sätze wie dieser verwirren sie gezielt. Schließlich bist du ja auf sie zugegangen und nicht umgekehrt. Dennoch drehst du damit den Spieß um und bringst ihre Selbstsicherheit ins Wanken. Sie dachte, sie hätte dich schon am Haken und müsste dich nur noch langsam aus dem Wasser ziehen. Pah! Dabei hat sie gar nicht gemerkt, dass sie diejenige ist, die schon längst am Haken zappelt.

Das Ganze ist natürlich ein Spiel, und nur wer die Regeln versteht, kann gewinnen. Wie beim Schach gibt es Hunderte verschiedener Eröffnungen und Spielzüge, die alle nur ein Ziel verfolgen. Du willst deinen Gegner oder besser gesagt deine Gegnerin schachmatt setzen, das heißt flachlegen.

Führe sie tiefer und tiefer in deine Welt

Natürlich beginnen die meisten Flirts mit Small Talk und Oberflächlichkeiten. Auch wenn es dir nicht schmeckt, solltest du deshalb dennoch in der Kunst des Small Talks versiert sein. Je schneller du die
Oberflächlichkeiten beiseiteschiebst und mit den ultrascharfen bra-
silianischen Zwillingsschwestern über Themen sprichst, die sie wirklich interessieren, umso schneller wirst du auch die Salami in eurem
menschlichen Sandwich sein. Falls du die Metapher nicht verstehst, du
willst auf jeden Fall die Salami sein! Lenke euer Gespräch also bewusst.
Führe sie vom locker-flapsigen Erstkontakt zu einer tief gehenden Unterhaltung. Erkunde ihre Interessen, ihre Wünsche, ihre Träume. Dabei
musst du viel Einfühlungsvermögen an den Tag legen. Du wirst sehen,
wenn dir das gelingt, werden die Bräute dir ihre tiefsten Geheimnisse
und sehnlichsten Wünsche anvertrauen. Manchmal sogar schon nach
wenigen Minuten. Ich bin immer wieder erstaunt, was für prickelnde
Geheimnisse sich in kürzester Zeit aus den schärfsten Mädels heraus-
kitzeln lassen.

Wie schon gesagt, Alphaverhalten, gezielte Berührungen, Begeisterung und gefühlsbetonte Sprache, das sind die Zutaten, die du hierfür
brauchst. Je mehr sie von sich erzählt, umso weiter öffnet sie sich dir.
Dann ist es an der Zeit, sexuelle Inhalte in eure Unterhaltung einfließen zu lassen. Frag sie aber jetzt bloß nicht, ob sie den neuesten Cheer-
leader-Porno schon gesehen hat (auch wenn der verdammt gut ist).
Zugegeben, auch die feinen Ladys schauen sich gerne mal ein Filmchen
für Erwachsene an, aber die wenigsten sprechen gleich mit fremden
Kerlen darüber. Lass dir lieber eine witzige Geschichte einfallen, die
sich um Sex dreht. Oder erfinde eine absurde Studie zum Paarungsverhalten der halb nackten Ureinwohner Borneos. Du kannst natürlich
auch fragen, wie sie zu dem neuen Romanhit *Shades of Grey* von E. L.
James steht. Bei 70 Millionen verkauften Exemplaren sind die Chan-
cen groß, dass sie zumindest weiß, worum es darin geht. Falls du noch

nichts davon gehört hast: Das Buch dreht sich um Sex und weibliche sexuelle Fantasien. Ein perfekter Aufhänger also. Viel besser noch wäre aber eine wahre Story, die du ihr erzählen kannst.

Damit sind wir auch schon bei einem entscheidenden Punkt. Selbst wenn beim Flirten immer ein wenig Flunkerei im Spiel ist und du nicht alles von dir preisgeben sollst, sind Lügen tabu. Ehrlichkeit und Aufrichtigkeit sind die obersten Gebote der Verführungskunst. Wenn du ihr beispielsweise erzählst, dass du Facebook erfunden hast, ist das keine Lüge. Schließlich weiß die ganze Welt, dass das Mark Zuckerberg war und nicht du. Es ist also lediglich ein kleiner Scherz, der euer Gespräch auflockert. Solche frechen Behauptungen musst du nur auf die richtige Art und Weise rüberbringen, dann wird sie sie auch als Scherz erkennen. Wenn du es mit der Wahrheit also mal nicht so genau nimmst, dann immer mit einem selbstironischen Grinsen.

Leg dir keinen Verführernamen wie Diego oder Carlos zu. Bleib dir treu und verleugne dich nicht selbst. Wenn du tagsüber Versicherungen verkaufst, dann bist du während der Eroberung nicht plötzlich Fußballprofi oder Schönheitschirurg. Zumindest nicht ernsthaft. Das sind miese Tricks, auf die der wahre Casanova verzichtet. Dein Selbstvertrauen schöpfst du aus dir selbst, aus deinen Fähigkeiten und nicht aus irgendeiner Lüge. Mach dich also nicht besser, als du bist, sondern glaube stattdessen an deine tatsächliche Größe.

3

Gesprächs-
eröffnung

*D*ir bieten sich täglich unzählige Gelegenheiten, mit schönen Mädels ins Gespräch zu kommen. Da wäre die süße Barista, bei der du dir morgens immer deinen Kaffee holst, oder die hübsche Studentin in der U-Bahn, die elegante Lady, die ihren Pekinesen im Park Gassi führt, oder deine witzige Kollegin, mit der du so gerne mal zu Mittag essen würdest. Aber Vorsicht, die Kollegin ist tabu! An sie darfst du dich nur ranmachen, wenn sie eine Acht oder höher ist.

Wie dem auch sei. Du begegnest ständig begehrenswerten Frauen und sofort springt das Radar in deinem Kopf an. Es macht piep – heiße Joggerin auf elf Uhr, piep – scharfe Tante auf der Parkbank, piep – geiles Geschoss da drüben an der Wursttheke. Und was machst du? Nichts, rein gar nichts. Du solltest dich schämen. Was denkst du, warum sie sich so fesch gemacht hat? Warum trägt sie wohl all das Make-up, die Stilettos und den tiefen Ausschnitt? Um anonym und unbeachtet zu bleiben? Nein, Compadre, sie will gesehen werden und vor allem will sie gefallen. Was sie allerdings nicht will, ist, von jedem dahergelaufenen Jogginghosenträger mit Hanf-Umhängetasche angelabert zu werden. Sie hofft auf einen tollen Kerl, einen Alpha, einen Supertypen. Reiß dich also zusammen und sei dieser Typ. Dein Radar will es, sie will es, jetzt musst du dir nur ein paar Eier wachsen lassen und da rübergehen. Du hast schon ein paar Eier? Na, umso besser! Geh los und benutze sie. Sag »Hi« und lächle ihr freundlich zu. Frag sie, ob sie dir vielleicht einen Tipp geben kann, weil du keine Ahnung hast, was du heute kochen sollst. Wenn ihr an der Feinkosttheke nebeneinandersteht, dann achte auf ihre Bestellung und sag ihr, dass du die Spianata-Salami auch so gerne isst. Sag irgendwas, und zwar freundlich und nicht aufdringlich, aber trotzdem selbstbewusst und mit lauter, fester Stimme, aber tu es um Himmels willen einfach. Du hast ja keine Ahnung, wie viele Spitzenladys mit ganz wunderbaren Tatas du dir durch deine Passivität entgehen lässt.

Das wohl Wichtigste beim Ansprechen ist, sich nicht aus dem Konzept bringen zu lassen. Halte an deiner Einstellung fest. Du bist der Größte und alle scharfen Luder dieser Welt wollen dich, manche wissen es einfach nur noch nicht. Wenn sie erst einmal ablehnend reagiert, frag sie, warum sie so feindselig ist. Sag etwas wie »Bist du immer so unhöflich? Hat Mama dir verboten, mit Fremden zu reden?« oder auch »Da, wo ich herkomme, sind die Mädels aber nicht so unfreundlich«.

Probier es aus, sprich bei jeder Gelegenheit Mädels an, sei dabei freundlich und selbstbewusst. Du wirst sicherlich Körbe kassieren, aber was soll's? Barney hat sicher schon mehr Körbe kassiert als alle Männer des mittleren Westens zusammengerechnet. Das Ganze ist wie so vieles im Leben Übungssache, lass dich also nicht einschüchtern, sondern geh weiter deinen Weg. Du kannst es so sehen: Jeder Korb bringt dich deinem Ziel näher, denn mit jedem Korb sammelst du mehr Erfahrung und wirst geübter im Umgang und im Gespräch mit den Hotties da draußen. Es heißt also mal wieder üben, üben, üben!

Der Pick-up-Spot

*W*o lernst du Frauen kennen? Überall. Egal ob im Supermarkt, im Buchladen, auf der Straße, im Klub oder der Bar, einfach überall bieten sich dir Pick-up-Spots, also Orte, an denen du Bräute ansprechen kannst. Gerade unkonventionelle Pick-up-Spots wie eine rote Fußgängerampel oder auch eine Postfiliale sind vielversprechend, weil die wenigsten Männer sich trauen, dort Frauen anzusprechen. Wird eine Perle auf der Post von einem netten Kerl angequatscht, entspricht das sehr stark ihrer Traumprinzfantasie. Es macht außerdem viel mehr her, ihren Freundinnen so eine romantische Geschichte zu erzählen als die langweilige Ich-hab-ihn-online-kennengelernt-Nummer.

Worauf du beim Ansprechen grundsätzlich achten musst, ist dein Energielevel. An den verschiedenen Spots musst du nämlich unterschiedlich auftreten, also dein Energielevel dem Ort anpassen. Stell dir mal vor, wie es wohl auf eine Frau wirkt, wenn ein Kerl an der Bushaltestelle zu ihr rübershaked und sie völlig aufgedreht mit lauter Stimme fragt, ob sie mit ihm tanzen will. Skurrile Szene, was? Natürlich war das jetzt etwas übertrieben, aber du verstehst, worauf ich hinauswill. Sei dir dessen also bewusst und passe dein Energielevel der Situation an. Supermärkte, Kaufhäuser oder Boutiquen erfordern genauso wie Buchläden, die Straße oder öffentliche Verkehrsmittel viel weniger Energie als zum Beispiel deine Stammkneipe, eine Disco oder auch ein Volksfest. Wenn wir schon dabei sind: Volksfeste wie das Oktoberfest sind das absolute All-u-can-eat-Buffet in Sachen Eroberung. In Fachkreisen wird die Wiesn daher auch gerne als Bangtoberfest bezeichnet.

Es gibt kaum einen besseren Ort, um Chicas in kürzester Zeit klarzumachen. Leider ist es nur zwei Wochen im Jahr, aber das sind für den
Verführer zwei Wochen im Schlaraffenland.

Vom Flaneur zum Connaisseur

Ich möchte mit dem niedrigen Energielevel anfangen. Nehmen wir
einmal an, du schlenderst durch die Kaufingerstraße in München
und ein brennend heißes Dirndl kommt dir entgegen. Sie bleibt an
einem Schaufenster stehen und sieht sich die Auslage an, eilig scheint
sie es nicht zu haben. Wenn eine Frau in Eile ist, einen Termin oder
Ähnliches hat, kannst du der beste Verführer der Welt sein und wirst
wahrscheinlich trotzdem abblitzen, da sie einfach keine Zeit dafür hat.
Achte also immer auf solche Details. Dein Radar hat sie sofort erfasst,
du gehst auf sie zu und sprichst sie an. Sei dabei nicht zu forsch, ver-
sperre ihr auf keinen Fall den Weg, signalisiere ihr, dass du keine Be-
drohung bist. Mach es ganz natürlich, als wäre es das Normalste der
Welt. Unter keinen Umständen näherst du dich ihr von hinten, das
würde ihr nur einen überfallartigen Eindruck vermitteln. Am besten
machst du dich schon aus einiger Entfernung bemerkbar und gehst
ohne Eile mit einem Lächeln im Gesicht auf sie zu. Natürlich musst
du sie dazu bringen, stehen zu bleiben. Dafür kannst du ihr eine ganz
alltägliche Frage stellen wie »Weißt du, wie ich zum Viktualienmarkt
komme?« oder dich einfach nach der Uhrzeit erkundigen. Bei dieser
Art der Annäherung liegt die Kunst dann darin, aus der scheinbar
harmlosen Frage ein Gespräch zu entwickeln. Das kannst du über eine
weitere Frage, ein Kompliment oder auch eine freche Bemerkung erreichen, die sie aus dem Konzept bringt.

Wenn sie vor einem Schaufenster steht, gibt sie dir damit schon eine
Vorlage. Stell dich einfach neben sie, sieh dir die Auslage an und frag

sie, was ihr am besten gefällt. Du wendest ihr erst nur den Kopf zu, dein Körper bleibt von ihr abgewandt. Je mehr Interesse sie an eurem Gespräch zeigt, desto mehr körperliche Präsenz kannst du zeigen.

Wieder einmal ist die Art und Weise viel wichtiger als das Gesagte selbst. In so einer Situation heißt es immer langsam mit den jungen Pferden. Sie muss sich erst einmal auf diese neue, unerwartete Situation einstellen. Überfordere sie also keinesfalls mit einem zu hohen Energielevel. Du musst sie nicht sofort beeindrucken, sag einfach freundlich »Hi« und frag sie, ob du sie ein paar Meter begleiten darfst. Dann kannst du sie nach ihrem Namen fragen. Erzähl ihr, dass du neu in München oder nur übers Wochenende da bist. Wenn ihr euch sympathisch seid, dann mach deinen Zug und frag sie nach ihrer Telefonnummer oder ob sie nicht Lust hat, dir ein bisschen die Stadt zu zeigen.

Hier ein kleiner Trick, um herauszufinden, ob sie dich interessant findet: Wenn du sie fragst, wie sie heißt, behältst du deinen Namen erst mal für dich. Unterhalte dich erst ein wenig mit ihr. Wenn sie sich dann von sich aus nach deinem Namen erkundigt, weißt du, dass sie angebissen hat. Geh mit ihr einen Kaffee trinken oder noch besser in einen der herrlichen Biergärten der bayrischen Hauptstadt. Ich will dich nicht dazu bringen, deine Zielperson abzufüllen, aber ein kaltes Bier an einem warmen Sommertag bringt einfach jede Unterhaltung in Schwung.

Diese Vorgehensweise lässt sich natürlich auf jede deutsche Großstadt übertragen. In kleineren Städten wirst du dir damit schon schwerer tun und auf dem Land wird dir wahrscheinlich schnell der zweifelhafte Ruhm des Dorf-Schwerenöters anhaften. Wenn du also nicht sowieso schon in einer Großstadt wohnst, solltest du ernsthaft über einen Umzug nachdenken.

Was zum Teufel ist Safran?

Im Supermarkt bieten sich dir gleich viel mehr mögliche Aufhänger für ein Gespräch als auf offener Straße. Sieh dir einfach an, was die scharfe Tante im Minirock so alles im Einkaufswagen vor sich herschiebt. Sie kauft diese japanischen Kit-Kats mit Grünem-Tee-Geschmack. Was für ein Zufall, die isst du doch auch so gern. Du hast überhaupt keine Ahnung, was deine Schwester meinte, als sie dich bat, ihr Safran mitzubringen. Vielleicht weiß ja die scharfe Tante, was dieses Zeug sein soll. Werde kreativ, denk dir was aus. Du kannst zu jedem x-beliebigen Artikel eine kurze Story erfinden und so mit der Hübschen ins Gespräch kommen. Lass dich inspirieren von der Fülle des Angebots und bastle deine individuelle Geschichte drum herum. Sie kauft Zaziki? Mann, du warst doch erst in Griechenland und da gab es dieses sagenhafte Restaurant, da gerätst du gleich ins Schwärmen. Es lag direkt am Meer und die Brise wehte den Duft von Salz und Seetang über die Terrasse. Das Essen dort war einfach der Hammer. Kapiert, wie der Hase läuft? Nutze die Gelegenheiten, die sich dir bieten. Sie warten einfach überall.

Für ein Modegeschäft oder auch einen Buchladen gilt dasselbe. Du siehst eine schicke kleine Schwarzhaarige in der Damenabteilung, die zwei verschiedene Blusen in den Händen hält. Offensichtlich kann sie sich nicht entscheiden. Das ist die ideale Gelegenheit für ein Kompliment. Geh zu ihr, stell dich neben sie. Du kannst dein Kinn fachmännisch mit Daumen und Zeigefinger reiben und zu ihr sagen: »Jetzt mach es den Blusen doch nicht so schwer. Sie wollen ja beide nur, dass du sie mal anziehst. Ich bin mir sicher, an dir sehen beide super aus.« Treffer, versenkt!

Du kannst natürlich auch den Fuß ein wenig vom Gaspedal nehmen und weniger direkt loslegen. Sprich einfach das Offensichtliche aus: »Sieht aus, als könntest du dich nicht entscheiden. Zufällig bin ich Blusenfachmann. Wenn du möchtest, helfe ich dir.«

Beschränke dich aber nicht auf diese zwei Sätze und spul sie nicht genau so ab, wie du sie hier liest. Am Ende wundern sich die Frauen noch, warum alle Jungs auf einmal mit denselben Sprüchen daherkommen. Gestalte deine Annäherung individuell. Du kannst sie auch um ihren Rat bitten. Behaupte einfach, du bist dir bei der Krawatte oder dem Mantel nicht sicher und hättest gern ihre unabhängige Meinung. Oder du suchst ein Geschenk für deine Schwester, hast aber keinen Dunst, was in Mädelskreisen momentan angesagt ist.

Was auf der Straße oder im Supermarkt gilt, gilt auch hier wieder: Fahre ein geringes Energielevel. Du brauchst nicht mit Pauken und Trompeten herangaloppieren. Sprich mit ihr wie mit einer guten Bekannten, dann wird sie sich in deiner Gegenwart wohlfühlen und dich mit positiven Emotionen in Verbindung bringen.

Du bist eine Partykanone

Im Nachtleben sieht das alles schon ganz anders aus. Hier ist Energie gefragt. Der nette Typ von neben an bringt's hier einfach nicht. In der Bar oder Disco werden hübsche Mädels an einem Abend meist nur von schmierigen Proleten oder hackedichten Strandhaubitzen angesprochen. Deshalb haben sie sich eine Art Abwehrhaltung angewöhnt. Hier kommt es darauf an, sich vom Rest der Typen abzuheben. Dafür musst du nur so vor Energie sprühen, also charmant, frech und witzig sein. Vielleicht straft sie deine Avancen mit Missachtung und ignoriert dich völlig. Lass dich davon nicht einschüchtern. Selbst wenn sie sagt, dass sie keine Lust auf ein Gespräch hat, solltest du erst mal dranbleiben. Mit großer Wahrscheinlichkeit testet sie dich nur. Sie möchte wissen, ob du genug Mumm hast, um deine Eroberung auch durchzuziehen, oder ob du lediglich ein Möchtegern-Schlüpferstürmer bist. Bleib also dran.

Beobachte sie genau. Oft sagt der Mund einer Frau zuerst einmal Nein, ihre Augen hingegen sagen Ja. Lass dir von einem anfänglichen Nein also keinesfalls den Wind aus den Segeln nehmen. Du strotzt nur so vor Energie, ihr anfänglicher Widerstand kann dich daher nicht aufhalten. Vielleicht versucht sie es mit der Freund-Ausrede. Ich bin schon bei etlichen Mädels gelandet, die anfangs noch vorgaben, einen Freund zu haben. Manchmal behaupten sie das einfach, um sich lästige Verehrer vom Hals zu halten. Wer weiß, möglicherweise hatte die eine oder andere sogar wirklich einen festen Partner, das hat sie aber nicht davon abgehalten, sich hingebungsvoll meinem kleinen Partner zu widmen. Für viele stellt das ein moralisches Dilemma dar. Nur du kannst entscheiden, ob du dich mit vergebenen Ladys einlässt oder nicht. Dazu nur so viel: Es ist verdammt aufregend.

Wenn sie die Freund-Karte ausspielt, gratuliere ich ihr dazu. »Ich habe auch Freunde«, sage ich dann und setze ein »Ich finde, jeder sollte Freunde haben« obendrauf. Mit so einer Reaktion zeigst du ihr, dass du sie nicht so ernst nimmst. Sie ist ja nicht die Einzige in dem Schuppen. Du bist ein Supertyp, der nur mit den Fingern zu schnipsen braucht, schon hat er an jedem Finger eine scharfe Braut. Mach sie also nicht zum Zentrum deines Universums. Zieh sie stattdessen lieber ein bisschen auf.

Neben dem Ansprechen gibt es in Klubs und Diskotheken natürlich noch die nonverbale Annäherung auf der Tanzfläche. Wie du dabei vorgehen musst, habe ich dir schon erklärt. Du wirst dort in jedem Fall einen vielversprechenden Jagdgrund vorfinden. Lass ihn dir nicht entgehen.

Low Energy vs. High Energy

Es gibt also prinzipiell zwei Sorten von Pick-up-Spots. Nennen wir sie einmal Low-Energy- (Straße, Bahn, Supermarkt etc.) und High-Energy-Spots (Bars, Klubs, Nachtleben). Erstere stellen auf jeden Fall die größere Herausforderung dar, weil es in unserer Gesellschaft einfach unüblich ist, Frauen auf offener Straße anzuquatschen. Gerade das macht aber den Reiz aus. Man braucht schon eine gesunde Portion Selbstbewusstsein, um im Supermarkt oder an der U-Bahn-Station einen Flirt anzufangen. Der Vorteil der Low-Energy-Spots liegt darin, dass die Bräute ihren sogenannten Bitch-Shield heruntergefahren haben. Die ganzen Losertypen, die sich im Klub Mut angetrunken haben und die Ladys dann billig von der Seite anmachen, gibt es hier nicht. Es besteht also kein Grund dafür, eine Abwehrhaltung einzunehmen. Sie rechnet nicht damit, auf einmal im Drogeriemarkt von einem Supertypen angesprochen zu werden. Genau darin liegt deine Chance.

Die High-Energy-Spots hingegen sind gewissermaßen Verführungsinstitutionen. Die Mädels putzen sich raus, ziehen sich schicke Minikleider und scharfe High Heels an. Warum tun sie das bloß? Sicher nicht, um die Jungs scharfzumachen und dann allein nach Hause zu gehen. Sie wollen einen tollen Hengst kennenlernen, nur eben nicht von irgendwelchen Schmalspur-Don-Juans vollgesülzt werden. Daher die oft so abschreckende Abwehrhaltung. Ein guter Soldat gelangt allerdings durch jedes noch so engmaschige Sicherheitssystem und du befindest dich auf dem besten Weg zum Kriegshelden. Rüste dich also mit dem nötigen Werkzeug (Alphaverhalten, Dominanz, Selbstbewusstsein) aus und begib dich auf deinen Eroberungsfeldzug.

Wann immer du traurig bist, hörst du damit auf und bist stattdessen super drauf!

Wie kannst du dein Energielevel steuern?, wirst du dich an dieser Stelle fragen. Da gibt es verschiedene Möglichkeiten. Ein probates Mittel sind hier wieder die positiven Affirmationen. Schreib dir einige davon auf Karteikärtchen und konzentriere dich vor dem Ausgehen auf die Bestätigungen. Du kannst sie laut vor dich hinsagen oder auch einfach intensiv daran denken. Ich habe diese Technik in Kapitel 2 unter »Dein Inneres« bereits erklärt. Blättere ruhig noch einmal zurück, wenn du dir nicht mehr so sicher bist.

Musik ist eine weitere Quelle der Energie. Hör dir deinen Lieblingssong oder die geilste Platte in deiner Sammlung an, bevor du ausgehst. Wenn du tagsüber durch die Stadt flanierst, dann nimm einen MP3-Player mit, damit du dich in Sekundenschnelle auf das entsprechende Energielevel bringen kannst. Musik kann sehr starke Emotionen in uns auslösen. Genauso wie Gerüche versetzt sie uns umgehend in eine Stimmungslage, die wir mit ihr verbinden. Wenn du zum Beispiel legendäre Erinnerungen mit dem Scorpions-Song *Rock me like a Hurricane* verbindest, werden schon die ersten Takte dieses Lieds dich in eine super Stimmung versetzen. Barney hat für solche Gelegenheiten einen Gute-Laune-Mix erstellt. Außerdem gibt es für ihn in Sachen gute Laune nur eine Regel: Wann immer du traurig bist, hörst du damit auf und bist stattdessen super drauf! Wahre Geschichte. Nicht umsonst steht in Artikel 122:

Ein Bro ist immer gut drauf. Immer.

Am besten schreibst du diesen Satz auf eines deiner Affirmationskärtchen und verinnerlichst ihn so schnell wie möglich.

Auch wenn Mitleidssex der Hammer ist, solltest du diese Karte nur selten ausspielen. Sei lieber super drauf und erobere die heißen Hasen im Sturm. Wenn es wirklich mal nicht klappen sollte, dein Energielevel hochzupushen, dann lies Artikel 122 noch einmal genau. Dort findest du sämtliche Titel aus Barneys unfehlbarem Gute-Laune-Mix.

Auch eine starke Komödie kann dich in Stimmung bringen. Ich denke da an *Anchorman* mit Will Ferrell oder auch *Ich beide und sie* mit Jim Carrey. Wer nach diesen Gag-Feuerwerken noch Trübsal bläst, dem kann nur noch ein Besuch im »Lüsternen Leoparden« weiterhelfen. Geh am besten mittwochs, da ist Käfignacht. Aber zieh dir bloß keine Jeans an. Die passt einfach nicht zum Interieur.

Solltest du eher zur feingeistigen Sorte Mann gehören, dann versuch es doch mal mit etwas Broesie. Loriot oder auch Ernst Jandl haben da das eine oder andere Werk in petto, da kippst du vor Lachen aus den Latschen. Aber natürlich ist auch Barney ein großer Broet. Lass dir einfach mal dessen Verse auf der Zunge zergehen.

Etwas Broesie:

Ich kannte 'ne Braut namens Vicky,

mit der hatt' ich 'nen irren Quicky.

Sie schrie auf vor Lust,

dann ließ ich sie allein.

Vor Frust stach sie mir eine Gabel ins Bein.

Ein absoluter Stinson-Klassiker.

Du kannst einfach alles machen, was dich in gute Laune versetzt. Geh mit deinen Freunden eine Runde auf den Bolzplatz, jogge durch den Wald, demütige all die Möchtegernhelden beim Lasertag. Auch Bücher können wahre Wunder wirken. Lass aber besser die Finger von postapokalyptischen Ödnisszenarien. Lies lieber den Krimi *Zieh dich aus, du alte Hippe* von Deutschlands Ausnahmeschriftsteller Helge Schneider oder den legendären *New-York-Times*-Bestseller *Und in der Hölle mach ich weiter* vom amerikanischen Wild-Child Tucker Max. Das Beste an diesen zwei Werken ist, dass du dir schon nach wenigen Sätzen Sorgen machen musst, dir vor Lachen in die Buchse zu pinkeln. Super Laune in kurzen Kapiteln. Besser geht es fast nicht mehr.

Zusammengefasst bedeutet das: Sei dir deiner Stimmung stets bewusst, lerne sie zu kontrollieren und passe dein Energielevel dem Pickup-Spot an. Aus dem richtigen Maß an Energie, männlicher Zuversicht und dem nötigen Schuss Selbstvertrauen mixt du für die schönen Mädels da draußen das reinste Aphrodisiakum. Schon bist du wieder einen Schritt näher am Reißverschluss von Lolas Cocktailkleid.

Onlinedating – das Jagdgehege

Um der Vollständigkeit willen erzähle ich dir noch ein bisschen was vom Onlinedating. Diese Art des virtuellen Kennenlernens und Flirtens wird immer beliebter. Die Leute stellen tolle Fotos online und zeigen sich von ihrer meist unrealistisch besten Seite. Es gibt eine eiserne Regel, die du in puncto Onlinedating, Single-Börsen und derlei Trara beachten musst: Eine Braut sieht im *real live* nie so gut aus wie auf ihrem Foto. Diese Plattformen machen es den Menschen leicht, sich besser darzustellen, als sie sind, und du wirst dort auf viel Schwindelei stoßen. Trotz alledem finden sich Tausende von Menschen auf diesem Weg und viele sind offenbar auch super-schmuse-happy mit den Partnern, die sie dort kennenlernen. Der große Vorteil des Onlinedatings liegt in der Anonymität. Man legt sich ein Pseudonym zu und hat anfangs nur Kontakt per E-Mail oder Chat. So fällt es den schüchternen und zurückhaltenden Bräuten und Bros leichter, ihre Hemmungen zu überwinden. Die Nervosität verschwindet praktisch völlig. Man steht ja nicht unter dem Druck, spontan mit einer witzigen Bemerkung punkten zu müssen, sondern kann sich das Ganze in aller Ruhe von zu Hause aus überlegen.

Aber jetzt frage ich dich allen Ernstes: Riecht das nach Alphawolf, Platzhirsch oder Supertyp? Würde sich Barney hinter einem Bildschirm verstecken und im simulierten Anzug auf Pirsch durch den Cyberspace gehen? Wohl kaum, Brollege. Sieht für mich eher nach einem klassischen Schmosby aus. Das ist ja so, als würde man einen Sechzehnender mit seiner Browning Maxus bequem über den Zaun des Wildgeheges umpusten, anstatt sich voll und ganz dem Nervenkitzel der Jagd durch Wald und Wildnis hinzugeben und den Prachtkerl von Hirsch nur mit dem tapferen Dackelchen an der Seite zur Strecke zu bringen. Habe ich schon erwähnt, was für fabelhafte Kopiloten Hunde abgeben? Nein? Denk einfach nur mal an Barneys Hund Brover. Richtig. Nicht einmal Gott selbst könnte ein süßeres Wesen erschaffen als einen struppigen Mischling im Maßanzug. Da schmilzt jedes Frauenherz sofort dahin.

Ich will dir natürlich nicht verbieten, auch online auf Hasenjagd zu gehen. Wenn du ehrlich zu dir bist, wirst du aber zugeben müssen, dass die virtuelle Variante einfach nicht an die wahre Jagd herankommt. Sei also kein Online-Casanova, sondern trau dich raus in den Garten Eden der Pfirsichpopos und Honigmelonen.

Die Auswahl der Frau

*K*ennst du das? Es ist Frühling, Hotpants, Minirock und Sommerkleid haben ihren viel zu langen Winterschlaf beendet. Die Mädels legen sich in die Sonne und zeigen Haut. Sie schlendern über die Kö und zeigen Haut. Sie gleiten über die Tanzfläche des P1 und ja, sie zeigen Haut. Sie sehen alle ultrascharf aus und du weißt gar nicht, welche du zuerst ansprechen sollst. Da drüben die üppige Kroatin, die wasserstoffblonde Schwedin gleich daneben, gekrönt wird das Ganze von einer Halbasiatin, die ganz nebenbei auch noch die Tochter eines Politikers ist (eine Zehn Doppelplus!). Wie entscheidet man sich in so einer Situation? Woher weiß man, welche die Richtige im richtigen Moment am richtigen Ort ist? Wie wär's mit allen dreien? So lob ich mir das. Das ist genau die richtige Einstellung. Für den Anfang würde ich mich aber doch erst einmal auf eine holde Maid konzentrieren, Sir Lance-a-lot.

Nimm die Einladungen an

Blicke oder ein Lächeln sind Einladungen, die man nicht zu lange im Briefkasten lassen sollte. Wenn ihr euch schon über eine gewisse Entfernung gegenseitig in die Augen seht und sie womöglich noch lächelt, dann heißt das: Auf die Plätze, fertig, los! Du hast nur ein paar Sekunden Zeit. Sieh also zu, dass du aus dem Startblock kommst, bevor sie das Interesse verliert. Leider wirst du nicht immer solche direkten Einladungen bekommen. Deshalb will auch der Sprung ins kalte Wasser geübt sein. Aber dazu kommen wir noch. Wenn du dich bei der Fülle heißer Bräute nicht sofort entscheiden kannst, dann nimm die, die sich offenkundig für dich interessiert. Fehlen solche eindeutigen Signale, hast du die freie Wahl. Ob ihr in naher Zukunft Leibesvisitationen aneinander durchführt, wirst du erst herausfinden, wenn du auf sie zugehst und sie ansprichst. Stürz dich einfach ins Getümmel und lerne sie kennen.

Die Heiß-irre-Skala

Eine Sache darfst du dabei niemals, niemals, auch nicht den kleinsten Moment lang außer Acht lassen: Wenn du eine Frau kennenlernst, musst du so schnell wie möglich herausfinden, wo sie auf der Heiß-irre-Skala liegt. Sieh dir dazu Artikel 86 im *Bro Code* noch einmal ganz genau an. Du willst ja nicht aufwachen und feststellen, dass sie dir im Schlaf ihren Namen auf die Schulter tätowiert hat. Ist alles schon vorgekommen. Barney kannte da mal eine Kleine, die auf der schmalen Linie zwischen heiß und irre einen Zickzackparcours vom Feinsten vollführt hat. Sie hat sich eine Glatze rasiert, dann fünf Kilo abgenommen, ihn mit einer Gabel gestochen und sich die Brüste vergrößern lassen. Du solltest irre Mädels allerdings nicht von vornherein ausschließen. Achte aber darauf, dass sie mindestens so heiß wie irre sind. Sex mit einer irren Braut ist meistens viel, viel ausgelassener, abgefahrener und hemmungsloser als mit normalen Chicks. Sei dir aber währenddessen stets im Klaren darüber, dass du gerade einen Tango auf sehr dünnem Eis tanzt, um dich herum ein Rudel Grizzlybären und unter dir schon die Haie und Piranhas warten. Sei also ständig fluchtbereit.

Selbstwertgefühl und Appetit auf Sex

Aus Barneys zahlreichen Sozialstudien wissen wir, dass es verschiedene Frauentypen gibt. Neben heiß und irre sind vor allem die Faktoren Selbstwertgefühl und Appetit auf Sex entscheidend. Es gibt Señoritas mit hohem und niedrigem Selbstwertgefühl, dasselbe gilt für ihren Appetit auf Sex. Die Ladys mit hohem Selbstwertgefühl und großem Sexhunger sind definitiv die besten. Je niedriger ihr Selbstwertgefühl, desto mehr Probleme wird sie dir bereiten. Das kann die verschiedensten Formen annehmen. Das Iku-Iku, das ihr Bett unter euren rhythmischen Bewegungen von sich gibt, kann auch mit dieser Sorte Feger zu einer geradezu himmlischen Symphonie anschwellen. Du solltest aber auf jeden Fall schon von vornherein klarstellen, dass ihr beide etwas rein Körperliches am Laufen habt. Für eine Beziehung kommt dieser Frauentyp nicht infrage. Sei also wie immer ehrlich und aufrichtig, sonst wird sie sich womöglich mehr versprechen und dir vielleicht mit einem Tacker bewaffnet in einer dunklen Gasse auflauern. So etwas kann sehr unschön werden. Die Regel für den Typ niedriges Selbstwertgefühl gepaart mit großem Verlangen nach Sex lautet daher: einmal am Blätterteig naschen und dann nichts wie raus aus der Backstube. Ihr tauscht keine Telefonnummern aus, keine Kontaktdetails, keine Adressen. Du nimmst sie auch bei Facebook nicht als Freundin an.

Es geht aber sogar noch einen Schritt gefährlicher: die Frau mit niedrigem Selbstwertgefühl, der auch noch die Lust auf Sex fehlt. Vielleicht gibt sie ja eine tolle Entwicklungshelferin oder Missionarin ab. Auch wenn Letzteres ein wenig irreführend klingt, für uns Supertypen gilt bei diesen Frauen nur eins: Finger weg! Auch wenn sie scharf ist. Ja, ich weiß schon, was du sagen willst. Du hast deinem 15-jährigen Ich versprochen, mit jeder Tussi zu vögeln, die Sex mit dir haben will. An sich eine vernünftige Vereinbarung. Aber völliger Blödsinn, Mosby. Natürlich kannst du sie vernaschen, wenn sich dir die Gelegenheit bietet, sofern sie eine Acht oder höher ist. Sag aber später nicht, ich hätte dich nicht davor gewarnt. Sie wird dir vermutlich sofort nach dem Sex eine Szene machen, sich als Drama-Queen entpuppen, versuchen, dich auf jede erdenkliche Art und Weise zu manipulieren, in die Opferrolle schlüpfen, dir ein schlechtes Gewissen machen, sich als Heilige aufführen und und und. Der Sex selbst kommt dem mit einem auf Körpertemperatur erwärmten Perserteppich gleich. Sie wird sich zwar warm und zart anfühlen, sich aber genauso leidenschaftlich verhalten wie ihr handgeknüpfter nahöstlicher Kollege. Die einzigen Geräusche, die währenddessen ihren Mund verlassen, ähneln eher einem Schluchzen als einem lustvollen Stöhnen. Erspar es dir also besser. Auf so was fährt kein gesunder Kerl ab. Ein Supertyp schon zweimal nicht.

Spitzenbraut statt Crazychick

Konzentriere dich lieber auf die Bräute, die etwas auf sich halten. Meistens sind die auch schwieriger zu bekommen, da sie ihren Wert nicht ausschließlich davon abhängig machen, wie viel Aufmerksamkeit ihnen die Jungs schenken. Die mit ihnen verbrachte Zeit ist dafür aber umso interessanter und die zusätzliche Mühe zahlt sich aus. Dumm ist nur, wenn du an eine Frau mit hohem Selbstwertgefühl gerätst, die kaum Verlangen nach Sex verspürt. Zugegeben, sie mag die Richtige für eine späte Heirat im Alter von frühestens 79 Jahren sein. Es ist ja wissenschaftlich erwiesen, dass in diesem Alter selbst der Sexualtrieb der legendärsten Männer nachlässt. Für einen gloriosen Superverführer im besten Alter ist sie aber höchstens eine Freundin und kommt als Partnerin nicht infrage. Wozu eine Beziehung, wenn deine Bettpartnerinnen nach wie vor Links und Rechts heißen? Du kannst mit ihr eine tolle Zeit verbringen und spannende Gespräche führen. Auch als Wingwoman eignet sie sich hervorragend. Aber erwarte nicht, dass sie dir deine sexuellen Träume erfüllt. Nackte Wände, von denen jedweder Putz schon längst abgebröckelt ist, Klagen der Nachbarn wegen Lärmbelästigung zu später Stunde, multiple High-Fives und eine gereizte Haushälterin, die den ganzen Verhau eurer nächtlichen Fang-den-Hut-Spiele aufräumen muss? Fehlanzeige. Nada. Niente!

Da sieht man die Welt der scharfen Giselles und großbusigen Babettes gleich mit anderen Augen, wie? Das ist jetzt aber kein Grund, Trübsal zu blasen. Dieses Wissen soll dich nicht in der Auswahl der Frau einschränken. Nein, es ist vielmehr eine mentale Wünschelrute, die dich zu der passenden Spitzenbraut führt. Woran man die erkennt? Es gibt für jedes Kriterium recht deutliche Anzeichen. Na ja, ob sie heiß ist, solltest du selbst als Amateur auf den ersten Blick erkennen. Obwohl man auch da mal falsch liegen kann. Wenn du sie in einer dunklen Bar kennenlernst, kann dir zum Beispiel die eine oder andere Kleinigkeit entgehen. Ich wiederhole mich daher: Achte auf die Details, Alter! Du willst ja nicht am nächsten Morgen feststellen, dass sie einen Schnurrbart hat. Etwas schwieriger ist es schon herauszufinden, ob sie irre ist. Geübte Verführer erkennen das an ihren Augen oder besser gesagt ihrem Blick. Sollten sich rote Teufelsspiralen in ihren Augen winden und ein infernalisches Kichern wie aus dem Nichts ertönen, dann such schnell das Weite. Leider lassen sich aber nur die wenigsten irren Mädels sofort als solche entlarven. Eine schrille Lache, starrender Blick, ruckartige Bewegungen des Halses oder auch schreiend bunte, freizügige Outfits können Indizien für ihre Verrücktheit sein. Oft findet man allerdings erst heraus, dass sie irre sind, wenn es schon zu spät ist. Mit zunehmender Erfahrung entwickelst du dafür aber ein ziemlich sicheres Gefühl und es wird dir immer leichter fallen, irre und nicht-irre voneinander zu unterscheiden.

Das bringt uns zum Selbstwertgefühl. Man kann durchaus sagen, dass die Lage einer Frau auf der Irre-Achse in engem Zusammenhang zu ihrem Selbstwertgefühl steht. Je niedriger das Selbstwertgefühl einer Frau ist, desto irrer ist sie, und umgekehrt. Niedriges Selbstwertgefühl erkennt man daran, dass sie sich permanent in den Mittelpunkt drängen muss. Sie tut das nicht etwa, weil sie ein hohes Maß an Selbstvertrauen hat, sondern um ihre Minderwertigkeitskomplexe zu verstecken. Sie sucht Aufmerksamkeit, denn Aufmerksamkeit gibt ihr das Gefühl, etwas ganz Besonderes zu sein. Zudem erwartet sie, dass sich alles nach ihren Wünschen richtet. Von ihrem Partner verlangt sie Gehorsam und Abhängigkeit. Deshalb wählt sie dafür schlappe Betajungs ohne Durchsetzungsvermögen. Alphaverhalten irritiert sie, wirkt aber dennoch anziehend auf sie. Sie erträgt es nicht, wenn man sie respektvoll behandelt, denn sie glaubt selbst nicht an sich. Daher kann sie sich nicht vorstellen, dass jemand sie gern haben geschweige denn lieben könnte. Momente der Ruhe erlebt sie als qualvoll. Sie hält weder Glück noch Harmonie aus. Die Fähigkeit, anderen selbstlos zu helfen oder jemandem etwas Gutes zu tun, geht ihr völlig ab.

Eine Frau mit niedrigem Selbstwertgefühl hat ein Talent dafür, sich in schwierige bis scheinbar aussichtslose Situationen zu manövrieren. Schuld daran sind dann jedoch immer die anderen. Ihr Bedürfnis nach Anerkennung und Bestätigung äußert sich oft durch frivole Kleidung oder auch durch einen vulgären Wortschatz. Ihr niedriges Selbstwertgefühl lässt sich auch daran erkennen, dass sie alles und jeden davon überzeugen will, wie toll sie doch ist. Auch wenn sie im Schlafgemach eine richtige Wildkatze sein kann, ist sie oft nicht fähig, den Sex zu genießen. Diese Genussunfähigkeit prägt ihr Wesen manchmal so stark, dass sie nicht in der Lage ist, überhaupt positive Gefühle zu entwickeln.

So traurig es ist, Mädels dieser Kategorie sind wirklich schwere Fälle, und wenn überhaupt, dann nur etwas für einen abenteuerlichen One-Night-Stand. In extremen Fällen leiden sie sogar an Essstörungen, verletzen sich selbst, sind drogensüchtig oder psychisch krank. Ihr Verhalten ist äußerst manipulativ, ja manchmal sogar passiv-aggressiv. Sie halten sich für so wertlos und verachtenswert, dass sie im Bett geschlagen werden wollen. Ich muss dir hoffentlich nicht sagen, dass spätestens dann der Zeitpunkt erreicht ist, an dem du dich auf dein Pferd schwingen und so schnell wie möglich dem Sonnenuntergang entgegenreiten solltest. Selbstverständlich ohne sie. Dein Araberhengst hat nur einen Mono-Sattel.

Sollte eine Frau eines oder sogar mehrere dieser Anzeichen von niedrigem Selbstwertgefühl zeigen, aber dennoch so heiß sein, dass dein kleiner Freund dich bis ans Ende deiner Tage dafür hassen würde, wenn du sie dir durch die Lappen gehen lässt, dann sei's drum. Aber wenn du es unbedingt durchziehen musst, dann mach es richtig: Im Umgang mit ihr musst du absolut dominant sein. Du triffst ausnahmslos alle Entscheidungen und lässt dich auf keinen Fall von ihr manipulieren. Unter Umständen wird sie dich auf riskante Art und Weise zu testen versuchen. Riskant für dich. Spring also nicht darauf an. Nimm sie nicht ernst. Necke sie und zeig ihr, dass du ein richtig böser Junge bist. Hier kannst du deine Deluxe-Macho-Nummer durchziehen. Es ist die einzige, die funktioniert. Lass dich aber um Himmels willen niemals, *never, jamas* auf eine Beziehung mit solch einer irren Tante ein. Es ist das Gegenteil von Basketball. *Gun and Run!*

Irre und noch dazu keinen Bock auf Sex?

Wenn sie zusätzlich zu all den erwähnten Eigenschaften auch keinen Bock auf Sex hat, wozu dann die ganze Mühe, frage ich dich? Sie wird versuchen, dich von vorne bis hinten zu manipulieren. Einmal täuscht sie Kopfweh vor, dann ist ihr wieder nicht nach Sex. Tags darauf hat sie zum sechsten Mal in einem Monat ihre Periode, verspricht dir aber hoch und heilig, dass ihr es am nächsten Tag treiben werdet wie die Alabama-Rotschwanzkarnickel. Du ahnst es schon. Es gibt gar keine Alabama-Rotschwanzkarnickel und genauso wenig werdet ihr euch verschwitzt über die Laken wälzen. Sexentzug und die Aussicht auf Sex sind ihre Waffen, um dich an sie zu binden und zu unterwerfen. Such das Weite, Bro! Flieh, solange du noch kannst.

Die Gourmetlady

Jetzt haken wir diese verrückten Furien aber ab und gehen endlich weiter zu den witzigen, süßen, begehrenswerten, scharfen, umwerfenden, supersexy Hammerbräuten. Auch wenn du manchmal den Eindruck hast, alle Schnallen da draußen hätten einen weichen Keks in ihrer Waffel, kann ich dir versichern, dass dem nicht so ist. Die große Mehrheit der Ladys liegt oberhalb der Vicky-Mendoza-Linie und hat ein absolut aufgeräumtes Oberstübchen. Widme deine Aufmerksamkeit und Energie ihnen, dann befindest du dich auf der direkten Abzweigung zur Siegerstraße.

Bräute mit hohem Selbstwertgefühl sind witzig, kreativ, sinnlich, einfühlsam und smart. Sie haben ein großes Herz. Ihre Mitmenschen, Freunde und Familie sind ihnen sehr wichtig. Du erkennst sie daran, dass sie über die kleinen Freuden des Lebens ganz glücklich sind und sich nicht über materielle Oberflächlichkeiten definieren. Sie haben eine liebevolle und geduldige Art und sind im Umgang mit ihren Mitmenschen rücksichtsvoll und mitfühlend. Beruflich haben sie Erfolg, im sozialen Leben sind sie äußerst kompetent. Aufgrund ihrer entspannten und selbstbewussten Art sind sie auf Anhieb sympathisch und in der Lage, ihr eigenes Leben zu führen. Sie stehen zu ihrer Sexualität und genießen heiße Nächte voll sinnlicher Leidenschaft. Man kann sie durchaus als weibliches Gegenstück zum Alphasupertypen bezeichnen. Sie sind die Superbräute, die Hammermädels, die Gourmetladys.

Wenn dir Ideen von Partnerschaft, Beziehung, Liebe und Familie im Kopf herumschwirren, kommt genau dieser Typ Frau infrage. Lass dich also nicht länger hängen. Steh auf, geh raus und hol sie dir, Tiger!

Sollte sie aber zu den wenigen Exemplaren mit hohem Selbstwertgefühl gehören, die trotz ihrer super Art kein Verlangen nach Sex verspüren, dann schau dich lieber nach einer anderen um. Es gibt keinen Grund, dich mit weniger zufriedenzugeben, als du haben möchtest. Du willst ja nicht wirklich in einer Beziehung mit einer Frau leben, die zwar einen tollen Charakter hat, dich geistig und spirituell ausnahmslos glücklich macht, aber auf sexueller Ebene so viel Schwung hat wie ein ausgetrocknetes Flussbett im Hochsommer. Da wirst du gleichzeitig verhungern und verdursten. Tu dir und deinem besten Bro (dem zwischen deinen Beinen) das also bitte nicht an. Versprich es mir und noch viel wichtiger: Versprich es dir und halte dich auch daran.

BARNEYS TIPP:

Wenn du die Wahl zwischen mehreren scharfen Bräuten hast, dann sprich auf jeden Fall immer zuerst die heißeste von ihnen an. Abgesehen davon, dass das heißeste Eisen im Feuer erst einmal die beste Wahl ist, hat diese Vorgehensweise folgenden Effekt:

Frauen können ihr eigenes Aussehen und das anderer Ladys sehr gut einschätzen. Die schönste Frau im Raum ist ihnen also mit Sicherheit aufgefallen. Wenn sie dich mit ihr im Gespräch sehen, gestehen sie dir sofort einen hohen Status zu. Warum sonst würde diese seltene Perle dir ihre Aufmerksamkeit schenken? Selbst wenn du dann bei ihr nicht ans Ziel kommen solltest, bist du mit dieser Taktik für die restlichen Hasen ungeheuer attraktiv geworden.

Die indirekte Taktik

*E*s gibt unterschiedliche Herangehensweisen, wenn es darum geht, Ladys anzusprechen.

Die indirekte Taktik unterscheidet sich von der direkten Taktik dadurch, dass du deine Absichten nicht sofort durchblicken lässt. Du sprichst die umwerfende Lady an der Bar unter einem Vorwand an. Du bist erst einmal nicht an ihr als Bettgespielin interessiert, sondern suchst lediglich eine Gesprächspartnerin. Du hast da diesen komischen Artikel in der *Zeit* gelesen. »Frauen seien die besseren Männer«, stand darin. Oder »Männer die besseren Frauen«. Oder: »Warum darf ich mir als Kerl keinen Aperol Spritz bestellen? Ich sehe damit doch nicht schwul aus, oder?« Frag sie nach ihrer Meinung, denn du kannst der Zeitung irgendwie nicht so recht glauben. Was du auch sagst, es kommt darauf an, sie in ein unverbindliches, lockeres Gespräch zu verwickeln, ohne deine sexuellen Absichten von Beginn an zu enthüllen. Signalisiere ihr, dass du gleich weiterwillst. So erhält sie den Eindruck eines harmlosen kurzen Small Talks ohne Hintergedanken.

Solche Gespräche sind für die Bräute äußerst erfrischend, denn die meisten Halbschuh-Herzensbrecher kommen mit irgendwelchen schlecht verpackten Anmachen der Sorte »Bist du gerade aus dem Himmel gefallen? Da oben fehlt nämlich ein Engel« daher. Lass solchen Schmalspur-Aufreißer-Blödsinn bleiben. Erstens fehlt da die Originalität und zweitens ist es einfach nur lahm.

Mit der indirekten Taktik kannst du an einem Abend etliche Mädels kennenlernen und ganz easy ihre Nummern klarmachen. Diese Technik basiert darauf, dich nach ihrer Meinung zu erkundigen.

Die besten Meinungsfragen sind so gestaltet, dass sie sich mit ihrer Antwort ein Kompliment verdienen kann. Daraus kann sich dann schnell ein lockeres, witziges und spannendes Gespräch entwickeln.

1. Frag sie zum Beispiel, ob sie weiß, wie dieser kleine, dicke römische Gott heißt, der immer mit einer Weinamphore durch die Gegend tanzt und von den schönsten Mädels umgeben ist. Der Barkeeper erinnert dich so an ihn, aber sein Name will dir einfach nicht einfallen. Wenn sie weiß, dass dieser süße Kerl auf den Namen Bacchus hört, kannst du staunend so etwas sagen wie: »Wow, du gewinnst bestimmt immer bei Trivial Pursuit.« Oder auch: »Mann, du bist ja smart, hast du dir schon mal überlegt, dich bei einer Quizshow anzumelden? Ich würde dich auch begleiten.« Und schon bist du im Spiel.

2. Wenn dir das zu antik und langweilig ist, dann probiere es mit einer aktuelleren Frage. Auch wenn heiße Bräute nicht ganz so auf Fußball abfahren, stehen sie doch ganz schön auf die strammen Kicker in ihren kurzen Hosen. Warum also nicht folgende Frage: »Wen findest du schärfer? Cristiano Ronaldo oder Lionel Messi?«

3. Auch Klischees eignen sich super für die indirekte Kontaktaufnahme. Versuch es doch mal hiermit: »Schreit ihr Mädels eigentlich wirklich vor Glück, wenn der Zalando-Bote an der Tür klingelt? Ich finde ja auch, dass jede Frau eine ordentliche Sammlung an Pumps haben sollte, aber machen euch Schuhe wirklich so glücklich?«

4. Warum nicht einmal eine fast schon rhetorische Frage, auf die es nur eine Antwort gibt? Du kannst ruhig mit einem Gegensatz arbeiten, lass es dabei aber nicht an Humor mangeln. Frag sie: »Wer ist süßer? Gremlins, wenn sie sich in diese grünen Monster verwandelt haben, oder Ewoks?«

5. Wenn sie Gremlins sagt, ist sie raus, schließlich muss man schon ganz schön hart drauf sein, um diesen warzigen, ledrigen Ungetümen etwas abzugewinnen. Sollte sie fragen, wer die Ewoks sind, dann gib ihr die Chance, sie kennenzulernen. Verabrede dich mit ihr zur großen Nacht der *Star Wars*-Trilogie. Ich rede natürlich von Episode IV bis VI, also den wahren *Star Wars*-Filmen. Sollte sie die Ewoks dann immer noch nicht toll finden, solltest du sie so schnell wie möglich loswerden. Lösch ihre Nummer, und wenn du ihr auf der Straße begegnest, dann tu so, als ob du sie nicht kennen würdest. Wer bitte schön mag denn keine Ewoks? Nur Hexen oder vielleicht noch das Imperium. Tss!

6. Modefragen sind natürlich auch ideal für die indirekte Taktik. Auf diese Weise kannst du auch Mädels im Kaufhaus super ansprechen. »Was steht mir besser? Karos oder Hawaiihemd?« Oder: »Weißt du, was dieses Jahr die Sommerfarbe ist? Ich verliere da schnell den Überblick.«

7. Auch deine Umgebung lässt sich super einsetzen. Du bist in einem Klub mit exotischem Interieur, überall Orchideen, kleine Wasserfälle, Aquarien und bunte Deko. »Das erinnert mich an Medellín«, sagst du zu ihr. »Weißt du, wie man Medellín noch nennt? Machine Gun City oder die Stadt der Orchideen?« Das Tolle an dieser Frage ist, dass beides stimmt. Sie kann also nur richtig antworten. Obendrein, und das ist noch viel wichtiger, hast du mit dieser Frage eine mentale Reise eingeleitet. Du kannst dann weitermachen und dich erkundigen, ob sie schon einmal in Kolumbien war. Nein? Dann erzähl ihr von den malerischen Stränden an der Karibikküste, den schroffen Felswänden der Anden und den liebenswerten Straßenkids, die du immer wieder zum Essen eingeladen hast. Frag sie nach ihrem Lieblingsort. Wo wollte sie schon immer einmal hin?

Die indirekte Methode macht Spaß, weil sie so anders ist als die meisten Annäherungsversuche. Sie wird deshalb von manchen Verführern auch als unecht oder unehrlich bezeichnet. Ich sehe das allerdings anders und auch Barney liebt es, die Mädels mit absurden Meinungsfragen zu verwirren. »Na, was meint ihr? Woraus ist mein perfekt sitzender Anzug geschneidert? Ist es **A**: chinesische Seide; **B**: feinstes Kaschmir oder **C**: Baby-Merinoschaf mit einer Fadendicke von maximal 20 Nanometern?« Du kannst dich köstlich amüsieren und auch für deine Zielperson kann aus einer realitätsfernen, aber augenscheinlich harmlosen Gesprächseröffnung ein sehr witziges Gespräch entstehen. Gerade wenn du noch bei den ersten Gehversuchen als Eroberer bist, eignet sich die indirekte Taktik hervorragend für deine Zwecke. Mit ihr kannst du leicht mit einer Gruppe von Frauen ins Gespräch kommen und sehr gut deine kommunikativen Fähigkeiten trainieren. Du willst ja nur ein wenig Konversation betreiben. Wenn aber mehr daraus entsteht? Hey, das muss dann wohl Schicksal sein.

Die direkte Taktik

*D*iese Variante erfordert schon deutlich mehr Mut, denn du lässt deine Absichten sofort durchblitzen. Manche Bräute sind mit der direkten Methode überfordert, vor allem solche mit niedrigem Selbstwertgefühl. Du hast mit ihr also schon ein exzellentes Mittel parat, um festzustellen, wie deine Zielperson zu sich selbst steht. Ladys mit niedrigem Selbstwertgefühl ist die direkte Methode unangenehm, weil sie nicht glauben können, dass du sie wirklich toll findest. Man braucht Selbstbewusstsein, um Komplimente anzunehmen. Du kannst also schon an ihrer ersten Reaktion erkennen, ob sie eine vielversprechende Superfrau oder eine irre Sekundenklebertante ist.

Wenn du dich dafür entscheidest, mit der direkten Taktik zu arbeiten, dann solltest du auch die entsprechende Einstellung verinnerlichen. Du gehst auf die rothaarige Granate in der engen Jeans zu, fixierst ihre Augen (ja, ich meine wirklich ihre Augen) und machst ihr zum Gesprächseinstieg gleich ein Kompliment. Das gestaltest du am besten ganz individuell. Sieh sie dir also genau an. Was trägt sie, wie bewegt sie sich? Lächelt sie viel oder hält sie sich eher zurück? Du kannst schon aus einer gewissen Entfernung deine Erfolgschancen sondieren. Da schau her! Sie hat zu dir herübergesehen. Ja, ich würde sogar behaupten, sie hat deinen Hintern ausgecheckt. Siehst du es? Sie lächelt dir zu. Sei jetzt nicht verklemmt, Junge. Erwidere ihren Blick. Lächle. Winke. Und vor allem: Geh zu ihr rüber und sag: »Hi, du siehst echt scharf aus. So, wie du dich bewegst, würde ich sagen, du bist Tänzerin! Ballett oder doch eher südamerikanische Tänze?«

Neue Situation. Du bist in einem Café, an den Tischen verteilt sitzen einige scharfe Hasen. Lässig und entspannt wandert dein Blick durch den Laden. Du suchst nach einem Signal, dem grünen Licht, der nonverbalen Einladung. So nimmst du Kontakt zu ihr auf, noch ehe du sie ansprichst. Mit dieser Taktik räumst du anfängliche Zweifel aus und beruhigst deine Nerven. Warum sollte sie dich anlächeln, wenn sie dich nicht interessant findet? Mal ehrlich, du grinst doch auch nicht jeden Passanten an, oder? Du checkst also ihre Gestik, Mimik und Körpersprache. Wendet sie sich dir zu oder dreht sie sich von dir weg? Hält sie Blickkontakt oder hat sie dich nur versehentlich angesehen und vermeidet jeden weiteren Blick in deine Richtung? Was machen ihre Hände? Spielt sie vielleicht mit einer Haarsträhne oder streicht sich leicht mit den Fingerspitzen über den Nacken? Es gibt unglaublich viele Zeichen und Signale, die entweder Interesse oder Ablehnung ausdrücken. Lächeln, Blicke, starke Präsenz, sichtbare Hände, die möglicherweise durch das Haar streichen, ein sanfter Biss in die Unterlippe, all das sind wortlose Einladungen. Mehr wirst du nicht bekommen. Und selbst wenn ihre Zeichen unmissverständlich sind, wird sie nicht von selbst auf dich zugehen. Lass die Gelegenheit also auf keinen Fall ungenutzt verstreichen. Geh zu ihr rüber, sag, dass sie umwerfend aussieht, und frag, ob du dich zu ihr setzen darfst. Vielleicht liest sie ein Buch oder eine Zeitschrift. Schon hast du einen Aufhänger. »Worum geht es denn in dem Artikel? Aha, klingt ja interessant.« – »Und warum liest du solche schlüpfrigen Geschichten in aller Öffentlichkeit? Lässt ja ganz schön tief blicken.« Und so weiter.

Die vorherige genaue Sondierung hat den Vorteil, dass du dir deiner Sache schon relativ sicher sein kannst. Sie hat ja Interesse signalisiert, wird dir daher kaum sofort einen Korb geben. Diese Taktik hat aber auch einen deutlichen Nachteil. Wenn du nur mit ihr arbeitest, schränkst du dich nämlich gewaltig ein. Es gibt schließlich Millionen von umwerfenden Mädels da draußen und nicht jede wird dich gleich per Augenflirt zu einem Gespräch einladen. Beschränke dich also nicht auf die Mädels, die offenkundig Interesse zeigen, sondern sprich alle Frauen an, die du scharf findest. Lass sie dir nicht entgehen. Zum einen dient das der Übung, zum anderen lernst du so unglaublich viele sexy Chicks kennen. Versuch es mal mit den folgenden Sätzen oder besser noch mit deinen eigenen Varianten dieser Opener:

- Hey, wie geht's? Das Kleid steht dir einfach hammermäßig. Hast du Lust zu tanzen?
- Wow, hätte nicht gedacht, dass ich heute noch so einer umwerfenden Frau begegne.
- Ist dir klar, dass du dich ganz schön unfair verhältst? Wie soll sich irgendein Kerl für die ganzen anderen Mädels interessieren, wenn du so ultrascharf aussiehst?
- Tolle Schuhe, aber sicher nicht leicht, darin zu laufen. Hand aufs Herz: Wie viele Übungsstunden braucht man, um in den Dingern richtig gehen zu können?

Es muss aber nicht immer ein Kompliment sein. Wieder einmal kannst du dir deine Umgebung zunutze machen oder sie auch mit einer frechen Bemerkung ansprechen. Hierfür sind folgende Opener geeignet:

- Hi, siehst du die Eisdiele da drüben? Komm, ich lade dich auf eine Kugel ein, während du versuchst, einen Grund zu finden, der dagegen spricht. Viel Spaß dabei. Als ob es Gründe gäbe, kein Eis zu essen.
- Hey, hast du mir gerade auf den Hintern gestarrt? Meine Augen sind hier oben, Fräulein.
- Sag mal, darf ich dich was fragen? War dein Friseur heute Vormittag betrunken? Sieht wild aus, dein Style, aber irgendwie ganz süß.

Wenn du mit frechen Bemerkungen über ihr Äußeres arbeitest, musst du immer mit Humor und Feingefühl vorgehen. Neckst du sie mit einem gewagten Spruch über ihre Frisur, dann tu das mit einem Lächeln. Am besten lässt du gleich darauf eine nette Bemerkung fallen. Schon hast du einen legendären Gesprächseinstieg. Sag auf keinen Fall etwas Negatives über ihre Figur. Denn wenn es um ihr Gewicht geht, sind Frauen sehr empfindlich, also Finger weg von dieser Achillesferse. Zieh sie lieber mit ihrer Garderobe oder etwas ganz Individuellem auf.

- Sag mal, wer trinkt denn heute noch Martinis? Weiß doch jeder, dass der Appletini das neue In-Getränk ist.
- Wieso trägst du hier drin so einen abgefahrenen Hut? Soll der dich vor Sonnenbrand schützen? Ist ja eigentlich vernünftig bei den heutigen Ozonwerten und so.

Gerade bei den letzten beiden Beispielen musst du darauf achten, nicht ernst rüberzukommen. Sprich mit einem selbstironischen Lächeln. Zeig ihr, dass du weder sie noch dich besonders ernst nimmst. Du willst einfach Spaß haben. Das ist alles.

Hier sieht man auch deutlich, dass die direkte und indirekte Taktik gar nicht immer so unterschiedlich sind, sondern ineinander übergehen können. Es kommt immer auf die Gesprächspartnerin an. Die eine wird jede noch so harmlose Bemerkung schon als Anmache interpretieren, während du mit der anderen erst mal eine Weile über Ewoks und Wookies herumblödelst.

Du musst dir aber immer über eine Sache im Klaren sein: Die Mädels sind nicht dumm. Natürlich checken sie, warum du auf sie zugehst. Sie wünschen sich das ja auch. Wieso sollten sie sonst rausgehen und sich aufdonnern? Natürlich wollen sie uns Supertypen gefallen und Spaß mit uns haben. Davor musst du dich aber erst noch qualifizieren. Deshalb das Flirten und Necken, die Tests und Spiele. Mehr ist das Ganze nicht. Es ist lediglich ein Spiel. Je besser du darin bist und je größer die Bandbreite deiner Spielzüge, desto mehr Erfolg wirst du darin haben. Du musst also beide Taktiken ausprobieren und üben, bis du die Chicks blind verführen kannst. Denk nur an Barney. Der alte Strolch schafft es sogar, übers Telefon Bräute klarzumachen, die ihn noch nie in ihrem Leben gesehen haben. Das heißt für dich: Taktikbuch raus und Spielzüge erstellen, bis du in Telefonnummern und heißen Nümmerchen ertrinkst.

Die Macht des Zufalls

*E*leganter und glorioser geht es nicht. Wer die Kunst des Zufalls beherrscht, kann in jeder alltäglichen Situation einen geradezu magischen Moment des zufälligen Aufeinandertreffens herbeizaubern. Als legendärer Magier von Weltruhm hat Barney auf diese Weise schon unzählige pikante Señoritas klargemacht. Du musst für diese Strategie zwar keine Zaubertricks auf Lager haben, solltest die Anziehungskraft eines Zauberers aber auf keinen Fall unterschätzen. Denk nur mal an den Star-Magier der Neunziger David Copperfield. Na? Ich sage nur Claudia Schiffer.

Der eine oder andere Kartentrick oder auch das allseits beliebte Handfeuerwerk sind wertvolle Spielereien aus dem Repertoire des ideenreichen Verführers. Wenn du dich entscheidest, mit Zaubertricks zu arbeiten, dann darfst du es jedoch nicht an Übung mangeln lassen. Du willst ja nicht, dass dir die Karten vor Aufregung durch die feuchten Finger rutschen, während du eine sexy Lady beeindrucken willst.

Aber zurück zur Magie des Zufalls. Die Karten kannst du ruhig zu Hause lassen, hierfür brauchst du sie nicht. Es geht darum, eine Situation des zufälligen Aufeinandertreffens zu kreieren. Wie bereits gesagt, träumen viele, ja wahrscheinlich sogar alle Frauen insgeheim davon, dass ihr persönlicher Traumprinz wie aus dem Nichts auf einmal in ihr Leben tritt. Mach dir diesen Traum zunutze. Die Kunst liegt nun aber darin, den Zufall echt wirken zu lassen. Du kannst dich dabei ganz einfacher Tricks bedienen oder das Ganze richtig ausklügeln und vorbereiten.

Doch in puncto Vorbereitung möchte ich dich warnen: Egal was du auch vorbereitest, du läufst immer ein wenig Gefahr, dass die Sache zu geplant oder sogar choreografiert rüberkommt. Dann ist der Glaube an den Zufall futsch und statt des schicksalhaften Aufeinandertreffens mit deiner umwerfenden Nachbarin droht dir eine Anzeige wegen Stalkens. Sei also vorsichtig und bereite nicht zu viel vor.

Ein ganz einfaches Manöver ist der Schlüsseltrick. Mit der Hand in einer Hosentasche näherst du dich deiner Zielperson, ohne sie anzusehen. Sobald du nahe genug bist, stellst du dich furchtbar ungeschickt an und dein Schlüsselbund fällt ihr direkt vor die Füße. Bücke dich im selben Moment wie sie, lass aber sie deine Schlüssel aufheben. Eure Blicke begegnen sich, du lächelst verlegen und sagst etwas wie »Echt nett, dass du sie für mich aufhebst. Wie kann ich dir dafür danken?«. Schon seid ihr im Gespräch.

Du kannst den Zufall auf diese Art mit jedem beliebigen Gegenstand herbeiführen, es muss kein Schlüsselbund sein. Auch Feuerzeug, Geldbeutel oder Zigarettenschachtel sind bestens für diesen Zweck geeignet. Gerade das Portemonnaie ist ideal. Die meisten Frauen sind nämlich von Grund auf neugierig, vor allem auf den Inhalt einer Brieftasche. Dabei geht es ihnen weniger um das Geld darin als um eventuelle Fotos oder aufgehobene Erinnerungen. Sie möchten sehen, ob du Bilder von deiner Familie im Geldbeutel hast oder vielleicht ein Babyfoto, das Ticket für ein vergangenes Konzert oder die Rechnung von einem besonderen Abend in einem todschicken Restaurant. Natürlich wirst du sie nicht gleich dein komplettes Portemonnaie durchsuchen lassen, nur weil sie es aufgehoben hat, aber vielleicht erhascht sie ja einen kleinen Blick. Allein schon das Ding in den Händen zu halten, kann einen gewissen Reiz auf sie ausüben. Spiel deine Karten richtig aus, dann amüsiert ihr euch bereits wenige Augenblicke später zusammen über den knuddeligen kleinen Racker, der du einmal gewesen bist.

Erst vor Kurzem ist mir in einem Klub mein Bier aus den Fingern gerutscht und das kühle Blonde hat sich über den Boden ergossen. Ich weiß, ziemlich traurige Geschichte. Aber jetzt kommt's: Ich bin dadurch sofort mit der netten Blonden neben mir ins Gespräch gekommen, weil sie so lachen musste. Natürlich war das erst einmal unangenehm: Bier futsch und die hübsche Barbie neben mir lacht mich auch noch aus. So eine Situation musst du nur mit genug Selbstironie und Zuversicht meistern, dann entwickelt sich daraus ein witziges Gespräch und noch viel mehr. Ist mir eben mein Bier runtergefallen: *Big Deal!* Das ist schätzungsweise jedem Erdenbürger schon 17 Mal in seinem Leben passiert. Und hey, es hat ja auch sein Gutes. Die scharfe Blonde schmeckt vielleicht viel besser als das vergossene Gebräu.

Ein Blick muss genügen

Du kannst dem Schicksal aber noch aktiver auf die Sprünge helfen. Pass aber um Himmels willen auf, dass du deiner Zielperson nicht zu nahe trittst. Stalking ist eine ernst zu nehmende Straftat und gerade in der heutigen Zeit braucht es nicht viel, um als Stalker verschrien zu sein. Du achtest lediglich auf die Details, die sich dir offensichtlich präsentieren. Niemals verfolgst oder beobachtest du sie längere Zeit. Ein Blick muss genügen. Was siehst du? Trinkt sie einen ausgefallenen Drink? Da winkt der Zufall doch mit dem Zaunpfahl. Geh hinüber an die Theke, ohne sie zu beachten, und bestell genau dasselbe wie sie. Dann drehst du dich um, mit dem Drink in der Hand und ... ja so was! Was für ein Zufall. Sie hat genau denselben. Darauf müsst ihr natürlich anstoßen. Das funktioniert selbstverständlich nur bei wirklich originellen Cocktails oder dergleichen. Wenn sie an einem Glas Weißwein nippt, ist das nichts Außergewöhnliches.

Vielleicht siehst du morgens immer dasselbe heiße Geschoss in der U-Bahn und weißt noch immer nicht, wie du auf sie zugehen sollst. Liest sie ein Buch? Spielt sie Angry Birds? Das lässt sich mit einem beiläufigen Seitenblick erkennen. Nehmen wir an, sie liest Charlotte Roches *Schoßgebete*. Du gehst noch am selben Tag in die Buchhandlung und besorgst dir diesen Schinken. Und am nächsten Morgen in der Bahn: Wow, was für ein Zufall. Ihr lest ja beide das gleiche Buch. »Ist es nicht super? Einfach total irre, wie Charlotte die Story aufzieht.« Eine schicksalhafte Begegnung vom Feinsten. Bei den Mädels kommt das viel besser an als jede noch so charmante Anmache.

Der süße kleine Welpe

Selbstredend ist Barney der unangefochtene Meister in dieser Disziplin. Doch es gibt eine Sorte Mensch, die den Zufall sogar noch besser herbeiführt als Mr Awesome himself. Die Sorte Mensch, die ich meine, ist der Hund. Oh ja, mein Freund, nichts, einfach gar nichts auf der ganzen weiten Welt wird dir so problemlos scheinbar zufällige Begegnungen mit scharfen Bräuten verschaffen wie ein süßer kleiner Welpe. Frag Gott! Stell dir nur mal diese großen runden Augen mit diesem liebevollen und loyalen Hundeblick vor. Da bekommt ein gestandener Mann ja schon fast weiche Knie. Was denkst du, wie es da den heißen Geräten geht? Sie sind ja geradezu versessen auf alles, was süß und putzig ist. Ein kleiner tollpatschiger Hundewelpe ist also fast schon unsportlich, denn sie können sich einfach nicht gegen seine Anziehungskraft wehren. Wenn du mit dem kleinen Fido durch den Park spazierst, werden die Chicas reihenweise deinem vierbeinigen Bro verfallen. Du musst nur noch auswählen, welche von ihnen euch bei eurem Spaziergang begleiten darf. Selbst wenn du jetzt nicht besonders scharf darauf bist, dir einen Hund zuzulegen, musst du diese Taktik unbedingt ausprobieren. Du kannst dir sicher von Freunden, von der Oma oder auch aus dem Tierheim ein liebesbedürftiges Hundchen ausleihen und mit ihm auf Bräuteschau gehen, um anschließend dein Liebesbedürfnis mit einer heißen Lady zu befriedigen.

Zugegeben, ein Baby ist vielleicht noch wirkungsvoller, aber die sind in der Regel nur schwer zu beschaffen. Obwohl, wenn ich mir es recht überlege, eigentlich nicht. Vielleicht sind Freunde von dir erst kürzlich Eltern geworden. Sie sind garantiert froh, wenn ihnen jemand den kleinen Schreihals mal für eine Stunde abnimmt. Biete dich als Nanny an und dreh eine Runde mit dem Kleinen durch den Park. Deine Absichten, dadurch Bräute kennenzulernen, hältst du allerdings besser vor deinen Freunden geheim.

Ob Hund oder Baby, die Wahl liegt bei dir. Der Hund ist aber in jedem Fall weniger anstrengend und trägt kein Trauma davon, wenn du dich mal nicht sofort um seine Bedürfnisse kümmerst. Hunde haben an sich nur zwei Bedürfnisse: Fressen und das Fressen wieder loswerden. Damit wirst du auf jeden Fall fertig. Babys sind da schon komplizierter. Wer weiß schon, warum der kleine Benni brüllt wie am Spieß? Will er gehalten werden? Ist die Windel voll? Hat er Hunger? Durst? Tut ihm was weh?

Du hast keine Ahnung, nicht wahr? Aber vielleicht kennt sich ja die süße Lady auf der Parkbank neben dir mit Babys aus. Sie kommt rüber, nimmt den Kleinen behutsam in die Arme und wie von Zauberhand gibt er endlich Ruhe. »Wahnsinn! Hast du Zauberkräfte? Ich wüsste nicht, was ich ohne deine Hilfe getan hätte. Das muss Schicksal sein. Darf ich dich auf ein paar Drinks ausführen, um mich bei dir zu bedanken?« Klingt nach einer sicheren Kiste, was? Alles dank deines guten alten Freundes Zufall.

Frauen in der Gruppe

*E*s wird nicht immer so laufen, dass die Braut deiner Begierde allein auf dich wartet und dich mit vielversprechenden Blicken auf einen Flirt einlädt. Wie die meisten Menschen verbringen auch Frauen ihre Freizeit am liebsten in Gesellschaft von Freunden und Bekannten. Es wird dir daher öfter passieren, dass deine Zielperson mit einer Gruppe von Freundinnen oder auch einer gemischten Gruppe unterwegs ist. All die tauben Nüsschen, für die Selbstbewusstsein ein burmesisches Fremdwort ist, schrecken in diesem Fall sofort zurück. Sie trauen sich nicht, auf die Gruppe zuzugehen, oder warten oft vergeblich, bis sich eine Chance ergibt, die kesse Lady allein anzutreffen, und vermasseln sich damit selbst die Tour. Ein selbstbewusster Supertyp lässt sich davon natürlich nicht einschüchtern. Er geht ganz locker auf die Gruppe zu und freundet sich mit ihr an. Dafür gibt es unterschiedliche Vorgehensweisen. Je nach Konstellation der Gruppe kannst du auf die eine oder die andere Weise vorgehen.

Der Mädelsabend

Genauso wie wir Typen gehen auch Mädels gerne zusammen aus. Sie machen sich schick, rüschen sich auf und treffen sich dann mit ihren Freundinnen auf den einen oder anderen Cocktail. Dass sie dabei unter sich bleiben wollen und keinen Wert darauf legen, von Männern angesprochen zu werden, ist ein weitverbreiteter Irrglaube, von dem sich viele Jungs ins Bockshorn jagen lassen.

Alphamann Barney Stinson jedoch lässt sich von solchen Hirngespinsten nicht davon abhalten, sich mitten unter die heißen Hühner zu mischen und mit ihnen eine legendäre Zeit zu verbringen. Und du wirst das in Zukunft auch nicht mehr tun. Wenn dir die süße Brünette gefällt, dann lass dich nicht von der Eroberung abhalten, nur weil ihre Freundinnen dabei sind. Das ist nämlich kein Grund, sondern nur wieder dein Ego, das dir irgendwelche Ausflüchte bietet. Du gehst also zu den Chicks rüber und begrüßt sie, als wäre es das Normalste der Welt. Ehe du dich vorstellst, lässt du ihnen etwas Zeit, um sich auf die neue Situation einzustellen. Es werden nur wenige Sekunden vergehen, bis sie sich dir zuwenden. Sobald du ihre Aufmerksamkeit hast, kannst du mit einem Meinungsopener das Gespräch eröffnen. Du kannst zum Beispiel einen frei erfundenen Artikel über das Kleidungsverhalten von Frauen in der Gruppe zitieren und sie zu ihrer Meinung dazu fragen.

Das hört sich etwa so an: »Ich habe da einen Artikel in der *Vice* gelesen. In einer Gruppe von fünf Ladys trägt angeblich immer eine Minirock und Bluse, eine enge Jeans zu hochhackigen Schuhen und eine Leggins und T-Shirt. Was sagt ihr dazu?«

Dann hörst du dir ihre Sicht der Dinge an und kannst anschließend die Aussagen des Artikels anhand ihrer Garderobe bestätigen oder anzweifeln. Oder du stellst dich und deinen Wingman direkt vor und fragst, ob ihr euch zu den Damen setzen dürft. Egal, wie du in das Gespräch einsteigst, wichtig ist dabei, dass du dich nicht sofort auf deine Zielperson konzentrierst. Noch besser: Ignoriere sie am Anfang der Konversation. Unterhalte dich mit ihren Freundinnen, bring sie zum Lachen, necke sie und erzähl die eine oder andere coole Story. Mit diesem Verhalten erzielst du folgenden Effekt:

1. Deine Zielperson – selbstredend ist sie das schärfste Gerät der Gruppe – wird sich wundern, warum du so wenig Interesse an ihr,

aber dafür umso mehr an ihren nicht ganz so hübschen Freundinnen hast. Dadurch regen sich in ihr Selbstzweifel. Sie werden an ihr nagen und sie innerlich aufwühlen. Ihr Selbstbewusstsein gerät ins Wanken. In ihrem Gehirn wird sich das Ganze ungefähr so anhören: *Warum amüsiert er sich so gut mit allen außer mir? Bin ich ihm nicht hübsch genug? Warum sieht er denn gar nicht zu mir her?* All diese Gefühle kannst du beiseitefegen, wenn du ihr plötzlich deine Aufmerksamkeit schenkst. Sobald du das tust, verbindet sie dich mit positiven Gefühlen und ist für ein tieferes Gespräch mit dir bereit.

2. Mit dieser Taktik erreichst du, dass ihre Freundinnen dich mögen. Diese Sympathie ist für dich von unschätzbarem Wert, denn sie erhöht sofort deinen Status. Aber das ist noch nicht alles. Stell dir einmal vor, du würdest umgekehrt vorgehen. Du sprichst also die Gruppe an und widmest dich sofort ausschließlich der süßen Brünetten. Einerseits fällt dann die so wertvolle emotionale Konditionierung weg und andererseits würdest du ihre Freundinnen dadurch nur gegen dich aufbringen. Was denkst du denn, wie oft ihnen das schon passiert ist? Ein netter Typ setzt sich zu ihnen und ehe sie sich versehen, spricht er nur noch mit ihr, weil sie eben die heißeste Lady unter ihnen ist. Das weckt die weibliche Eifersucht und die Freundinnen der hübschen Brünetten werden alles daransetzen, euch voneinander zu trennen. Da kannst du der größte Eroberer aller Zeiten sein, gegen diesen multiplen Bitch-Shield wirst du nicht ankommen. Deshalb gilt: Freunde dich erst mit ihren Mädels an, bevor du dich an deine Zielperson heranwagst.

Es ist dabei ganz egal, ob es zwei, drei oder vielleicht sogar zehn Chicks auf einem Haufen sind. Deiner Zielperson widmest du erst dann deine Aufmerksamkeit, wenn du merkst, dass der Rest der Gruppe dich akzeptiert hat. Wie so vieles im Leben ist auch das lediglich eine Frage des Timings und es gilt wieder einmal: Üben, üben, üben! Je öfter du Frauen in der Gruppe ansprichst, umso feiner wird dein Gefühl für den richtigen Zeitpunkt.

Außerdem gewinnst du dadurch an Selbstbewusstsein und bekommst deine Scheu vor dem Ansprechen immer besser in den Griff.

Die gemischte Gruppe

Du wirst in Cafés, Bars, Klubs oder auch auf Partys immer wieder auf gemischte Gruppen treffen. Oft sieht man einen Typen, der gleich mit vier oder fünf Hotties unterwegs ist. Chapeau! Der Fuchs macht einiges richtig. Meist unterstellt man diesem Typen dann, der ultimative Player zu sein. Warum sonst sollten die fünf Raketen mit ihm losziehen? Der naive Betrachter denkt in so einer Situation, dass er mindestens mit einer der fünf Ladys was am Laufen hat oder sie vielleicht sogar alle scharf auf ihn sind. Man räumt ihm unüberlegt die Exklusivrechte auf die ganzen heißen Chicks ein, dabei ist das völliger Blödsinn. Überleg doch mal: Wie hoch ist die Wahrscheinlichkeit, dass ihm alle fünf an die Wäsche wollen? Das ist schon eine Sache für wahre Champions. Und den Championship-Gürtel für Dreier, Vierer, Fünfer und so weiter muss man sich erst einmal verdienen.

Bleiben wir also sachlich. Die Mädels sind einfach so mit ihm unterwegs. Wenn überhaupt, dann ist er maximal an einer von ihnen dran. Wahrscheinlich aber nicht einmal das. Sei also kein Frosch. Geh hin. Sag »Hi« und unterhalte dich mit ihnen. Oft ist sogar der Kerl in der Gruppe dein Ticket ins Schlüpferland. Sprich ihn deshalb zuerst an. Die meisten Jungs sind ziemlich unkompliziert. Sie zicken weder rum noch wittern sie eine unerwünschte Anmache. Männer haben einfach keinen Bitch-Shield, deshalb solltest du recht leicht mit ihm ins Gespräch kommen. Vielleicht hast du die Bundesligaergebnisse noch nicht mitbekommen und er kennt sie. Möglicherweise hat Thomas Müller mal wieder ein fantastisches Tor erzielt. Schon habt ihr Gesprächsstoff ohne Ende. Ihr unterhaltet euch ein wenig, dann fragst du ihn nach seinen hübschen Begleiterinnen. Da er ein netter Kerl ist, stellt er dir die scharfen Bräute eine nach der anderen vor und voilà: Der Adler ist gelandet. Für den weiteren Verlauf des Abends empfiehlt sich natürlich wieder die eben schon ausgeführte Ignorier-Taktik. Lass deine Zielperson erst einmal so lange links liegen, bis sie innerlich schon ganz verrückt nach dir ist. Erst dann schlägst du zu. Das klappt! Wahre Geschichte.

Gleichgültig, mit welcher Art von Gruppe sie unterwegs ist, um wirklich zum Zug zu kommen, musst du sie vom Rest der Gruppe isolieren. Dafür musst du jedoch zuerst Anziehung aufbauen. Wie das geht, erkläre ich dir im nächsten Kapitel. Sobald dir das gelungen ist, ist für den Löwen die Zeit gekommen, die grazile Antilope von der Herde zu trennen. Du willst dich allein mit ihr unterhalten und euren Körperkontakt intensivieren. Sag einfach, du möchtest mit ihr irgendwo hin, wo es nicht so laut ist und man sich besser unterhalten kann. Du kannst sie auch auf die Tanzfläche entführen. Dieser Schritt ist elementar, denn die meisten Mädels sind nur dann bereit, sich weiter auf dich einzulassen, wenn niemand sie dabei beobachtet. Besser gesagt: keine ihrer Freundinnen oder Bekannten. Sie will nicht als Flittchen dastehen, deshalb musst du sie auf die eine oder andere Weise von ihrer Gruppe loslösen. Indem du für euch beide diese Entscheidung fällst, übernimmst du zudem die Verantwortung und entbindest sie gleichzeitig davon. Das lässt dich noch souveräner und männlicher wirken und verschafft ihr ein reines Gewissen. Dadurch bekommt sie das Gefühl einer schicksalhaften und unwiderstehlichen Verführung. Und genau da willst du sie haben!

4

Das Gespräch

*D*ie erste Hürde wäre also genommen. Du hast dir eine Braut ausgesucht und sie auch schon erfolgreich angesprochen. Doch wie geht es jetzt weiter? Ansprechen allein genügt nicht, du musst auch in der Lage sein, ein Gespräch in Gang zu bringen. Das kann mit einem Kompliment, einer zotigen Bemerkung oder einer Frage gelingen. Prinzipiell solltest du da weitermachen, wo du beim Ansprechen aufgehört hast. Wenn du also die ultrascharfe Italienerin am Bahnhof gefragt hast, wo der Zug nach Frankfurt abfährt, kannst du dich gleich noch erkundigen, ob sie dort wohnt, wie die Stadt so ist oder wo man gut ausgehen kann. Dir sind dabei keine Grenzen gesetzt.

Nach dem Ansprechen folgt eine erste Phase des Small Talks. Ihr könnt euch über einfach alles unterhalten. Wenn du wirklich mal einen Blackout haben solltest, dann binde eure Umgebung ins Gespräch mit ein. Mach sie auf einen ulkigen Typen aufmerksam und amüsiere dich mit ihr über sein gewagtes Outfit. Gestalte euer Gespräch situationsbezogen. Ihr Kleidungsstil, ihre Einkaufstasche von Intimissimi[8] oder auch ihr Hund – all das können Aufhänger sein, um mit ihr erst einmal ein ungezwungenes, oberflächliches Gespräch zu führen. Ja, ich weiß schon. Du bist nicht oberflächlich und willst keinen inhaltslosen Small Talk führen. Der Small Talk ist aber wichtig. Denn er signalisiert ihr, dass sie von dir nichts zu befürchten hat. Er gibt ihr ein Gefühl der Sicherheit. Und dieses Gefühl ist unverzichtbar. Sie wird sich nämlich nicht weiter auf eine Unterhaltung mit dir einlassen, wenn sie sich unsicher oder gar bedroht fühlt. Selbst wenn du ein Fan der direkten Taktik bist, solltest du deshalb nicht zu forsch sein und auf jeden Fall eine menschenleere Umgebung vermeiden. Es ist wirklich keine gute Idee, eine hübsche Señorita in einer dunklen Gasse anzusprechen. Sie wird sich dabei so sicher fühlen wie der Roadrunner, wenn Wile E. Coyote ihm mit einer Wagenladung Dynamit am Engpass des Canyons auflauert. Tu das also nicht.

---

8   Unterwäsche-Kette mit ausgewählt scharfen Verkäuferinnen

Sobald ihr die Small-Talk-Phase hinter euch gelassen habt, wird es richtig spannend. Dann ist es an der Zeit, Anziehung aufzubauen. Oft spricht man in diesem Zusammenhang auch von Rapport. Es gibt verschiedene Möglichkeiten, eine anziehende Wirkung auf sie zu entwickeln. Die Ladys wollen unterhalten werden. Gerade im Nachtleben hebst du dich unglaublich schnell von den Nerds und *Napoleon Dynamites* ab, wenn du die heiße Sportlehrerin mit einer witzigen Geschichte zum Lachen bringst. Je mehr Storys du auf Lager hast, desto besser. Du willst ja nicht ständig dieselbe Schote zum Besten geben.

Wenn ihr dann endlich ein richtiges Gespräch am Laufen habt, kannst du ruhig etwas mehr in die Tiefe gehen. Es ist jetzt Zeit, sich ihr innerlich zu öffnen. Erzähle ihr von deinen Träumen und Wünschen, von den Dingen, die dich wirklich bewegen. Du wirst sehen, sobald du dich ihr auf ehrliche Art und Weise öffnest, wird sie es auch tun. Damit hast du sie auch schon auf die emotionale Ebene geführt. Und wie du bereits weißt, führt kein Weg daran vorbei. Die scharfen Bräute unseres Planeten sind nun mal so gestrickt, dass sie sich nur verführen lassen, wenn du in ihnen die entsprechenden Emotionen weckst. Wenn du so weit gekommen bist, ist der Rest ein Kinderspiel. Ihr Schutzschild ist schon längst unter deinen charmanten Avancen zerbröckelt, sie ist beeindruckt von deinem selbstbewussten, männlichen Auftreten und lässt sich von deiner ausgelassenen Art, deiner Joie de vivre anstecken. Höchste Zeit, euren Körperkontakt zu vertiefen und sexuelle Themen einzustreuen. Nur noch wenige Schritte trennen dich vom sicheren Score, aber schauen wir uns das Ganze am besten Schritt für Schritt an.

Der Entertainer

*W*ie gesagt: Frauen wollen unterhalten werden. Unterschätze deshalb nie den Wert einer geilen Story. Auch ein guter Witz kann zur rechten Zeit wahre Wunder wirken. Wenn du mit Humor arbeitest, dann sei frech und spritzig, auch eine derbe Anekdote kann bei der richtigen Frau durchaus zum Erfolg führen. Du darfst dich aber nie zum Clown machen. Du bist ja nicht der Hofnarr, der Ihre Hochwohlgeboren dadurch unterhält, dass er sich selbst für sie zum Affen macht. Du solltest deshalb wie immer genau auf ihre Körpersprache achten. Wenn sie angesichts deiner Bemerkung grinst oder lacht, dann lach mit. Sollte sie es an Humor mangeln lassen, versuch nicht, sie unbedingt zum Lachen zu bringen. Wenn sie während deiner Geschichte vor lauter Spannung den Blick nicht mehr von dir abwenden kann, dann sieh nicht zu Boden, sondern halte intensiven Blickkontakt. Der unbeteiligte Beobachter erkennt eine vielversprechende Verführung daran, dass die Körpersprache der Flirtenden immer stärker harmoniert. Ihr greift gleichzeitig zum Glas, um einen Schluck zu trinken, ihr lacht zur selben Zeit, neigt euch im selben Moment nach vorn, dem Gegenüber entgegen. Alles deutet daraufhin, dass ihr im Moment vollkommen auf derselben Frequenz liegt. Erkenne diese Zeichen und passe deine Körpersprache gezielt der ihren an. Unterbewusst wird das sehr stark auf sie wirken.

Kommen wir aber wieder zu deiner Rolle als Entertainer. Ein legendärer Eroberer kann seine Auserwählte mit seinem endlosen Repertoire ruhmreicher Storys nächtelang königlich unterhalten. Erst einmal musst du aber über Text und Subtext Bescheid wissen. Der Text ist der

166

tatsächliche Inhalt deiner Geschichte, also zum Beispiel dein spektakulärer Heli-Skiing-Trip in die Rocky Mountains. Du erzählst von verschneiten Bergflanken, schier endlosem Panorama, einsamen Elchen und Steinböcken und natürlich vom feinsten Pulverschnee, den du jemals unter den Skiern hattest. Schön und gut. Sie weiß jetzt, dass du in den Rocky Mountains warst, es dort Berge, Tiere und Schnee gibt. Nun aber zum Subtext: Wenn du begeisternd und anschaulich erzählst, deine Betonung dem Inhalt anpasst und das Ganze mit entsprechender Mimik und Gestik unterstreichst, wird ihr nicht entgehen, dass du ein leidenschaftlicher Skifahrer bist, einen Blick für die Schönheit der Natur hast, dich für Tiere interessierst und außerdem skitechnisch ganz schön was auf dem Kasten haben musst. Zum Heli-Skiing geht man nämlich nicht, wenn man schon beim Schlepplift Probleme hat.

Gibst du Geschichten zum Besten, solltest du daher immer an den Subtext denken. Eine gelungene Story verrät deiner Zielperson einiges über dich und erzählt eben nicht nur irgendeine Geschichte. Wenn du es richtig machst, zeigt ihr deine Erzählung, wie großzügig, geistreich, sportlich, kinderlieb, einfallsreich oder was auch immer du bist. Hör ihr aufmerksam zu und merke dir ihre Vorlieben und Abneigungen. In deinen Geschichten kannst du dann deine Stärken ihren Vorlieben entsprechend herausarbeiten. Natürlich kannst du dir auch schon vorher eine Story zurechtlegen. Aber übertreib es nicht. Ein spontanes Gespräch ist viel spannender als ein geplantes. Egal, wie du nun vorgehst, sehr viel kommt auf den Subtext an, vernachlässige ihn daher nicht. Achte aber auch immer darauf, nicht zu dick aufzutragen. Es ist ein alter Hut, dass niemand Angeber mag. Sei selbstbewusst, aber gib dich nicht zu großspurig.

Zugegeben: Du wirst dir oft so vorkommen, als wärst du der Einzige von euch beiden, der spricht. Am Anfang des Gesprächs wird das tatsächlich öfter der Fall sein. Du musst sie ja erst davon überzeugen, dass du ein lohnender Gesprächspartner bist. Mit zunehmender Praxis wird dir das immer schneller gelingen und du wirst schon nach kürzester Zeit in der Lage sein, den Small Talk hinter dir zu lassen und ein spannendes Gespräch zu führen. Ein Monolog, so viel sei gesagt, ist nämlich kein spannendes Gespräch. Sollte sie nur still dasitzen und dir andächtig lauschen, kannst du sie ruhig auffordern, auch etwas von sich zu erzählen. Das kannst du durch Fragen wie »Kennst du das?« oder »Ist dir das auch schon mal passiert?« erreichen. Lenke die Unterhaltung bewusst auf sie, wenn sie nicht von selbst daran teilnimmt. Ganz egal, wie legendär und super du auch bist, du solltest es vermeiden, nur von dir zu sprechen. Versuche eher, ihr Geheimnisse zu entlocken. Das kannst du sehr direkt durch freche Fragen erreichen oder auch wieder mit der beliebten Studien-Methode. Sag einfach so etwas wie: »Studien zeigen, dass jede Frau eine Erzfeindin hat. Wer ist es in deinem Fall und warum ist sie blond?« Gerade bei einer dunkelhaarigen Frau kann so eine womöglich völlig haltlose Behauptung den gewünschten Effekt erzielen und sie aus der Reserve locken.

Auch ein wenig peinliche Geschichten können deine Attraktivität enorm steigern. Wer ohne großes Aufheben von einer Blamage oder auch einer persönlichen Unfähigkeit erzählen kann, demonstriert damit ein hohes Maß an Selbstsicherheit. Mit dieser Taktik disqualifizierst du dich zwar scheinbar selbst, machst dich aber in Wirklichkeit nur umso interessanter. Schließlich würdest du die Story, wie du deinen geilen VW-Käfer fast in die Luft gesprengt hättest, kaum erzählen, wenn es dir wirklich so peinlich wäre. Zusätzlich beweist du damit aber auch, dass du in der Lage bist, über dich selbst zu lachen. So zeigst du ihr einerseits, dass du Humor hast, und andererseits, dass du dich selbst nicht ganz so ernst nimmst. Darauf fahren die Bräute völlig ab!

Ein hammermäßiger Entertainer versteht sich selbstredend auch darauf, seiner Zielperson fachmännisch Honig ums Maul zu schmieren. Sieh dir nur einmal Barney an. Er ist der König der Komplimente, der Meister der Süßholzraspler. Wenn dir etwas an ihr gefällt, dann sag es ihr einfach. So abgedroschene und kalorienarme Komplimente wie »Du hast so schöne Augen« solltest du aber vermeiden. Das ist einfach nur lahm, Alter. Natürlich hört jede Frau gerne, dass sie schöne Augen hat. Ja, jeder gesunde Mensch freut sich erst einmal über Komplimente. Den Schöne-Augen-Spruch hat aber jede Frau schätzungsweise bereits 25 000 Mal in ihrem Leben gehört. Sei also nicht Nummer 25 001.

BARNEYS TIPP:

Gib dir Mühe und lass dir etwas Eigenes und Originelles einfallen. Wie so oft lautet auch hier das Zauberwort: Liebe zum Detail. Achte genau auf dein Gegenüber. Wie ist ihre Körperhaltung? Wie sieht ihre Gestik und Mimik aus? Lacht sie viel? Hat sie vielleicht ein Grübchen in der Wange, das sie beim Lächeln einfach zuckersüß aussehen lässt? Bewegt sie sich besonders elegant? Möglicherweise ist sie Turnerin. Turnerinnen sind immer eine gute Wahl. Hat sie ihren Nagellack auf ihr Outfit abgestimmt? Das alles lässt sich mit nur wenigen Blicken erfassen und du kannst ihr sofort ein individuelles Kompliment machen. Das wird viel mehr Wirkung zeigen als der alte langweilige »Hey, dein Vater muss ein Dieb sein«-Spruch. ... Ach komm, der ist so schlecht, da erspar ich dir den Rest. Komplimente müssen sich aber nicht auf Äußerlichkeiten beschränken. Du kannst ihr auch sagen, dass dir ihre erfrischende, energiegeladene Art gefällt oder ihr Wissen über Motorboote dich fast vom Hocker haut.

Eine geheimnisvolle Aura

*E*in weiterer Trick des Entertainers liegt darin, eine mysteriöse Aura zu bewahren. Die heiße Pharmareferentin[9] wird dir immer wieder Fragen zu den unterschiedlichsten Themen stellen. Du musst aber nicht jede Frage wahrheitsgemäß beantworten. Ich will dich sicher nicht zum Lügen verleiten, aber du musst auch nicht sofort alles preisgeben. Halte bewusst Informationen zurück oder lass Fragen unbeantwortet. Stelle ihr stattdessen eine Gegenfrage. Zeige ihr dabei aber ständig, dass du ein wenig herumalberst. Lächle selbstironisch und nimm sie ein bisschen auf den Arm. Wenn sie dich nach deinen Hobbys fragt, sagst du etwas wie: »Ab und zu stehle ich ein Pferd und raube dann einen Zug aus« oder »Ich nehme zurzeit Ninja-Unterricht in einem geheimen fernöstlichen Kloster. Aber darüber darf ich nicht sprechen«. Lass sie spüren, dass du das Ganze nicht so ernst nimmst. Du willst dich lediglich amüsieren. Mit diesem Auftreten entziehst du dich ihrer Kontrolle. Du zeigst ihr deutlich, dass du weder sie noch dich im Moment besonders ernst nimmst. Ihr Unterbewusstsein interpretiert das Ganze so:

- Er ist nicht hundertprozentig interessiert an mir.
- Wie kann er das nicht sein? Bin ich ihm nicht scharf genug?
- Er lässt sich nicht von mir kontrollieren.
- Ich muss mehr tun, um ihn von mir zu überzeugen.

---

9   Lange Zeit die mit Abstand heißeste weibliche Brofession

Mit Necken erzielst du genau denselben Effekt. Es mag dir erst einmal seltsam erscheinen, aber so sind die Mädels nun einmal gestrickt. Necken kann die unterschiedlichsten Formen annehmen. Du musst aber stets aufpassen, dass du damit nicht zu persönlich wirst. Ich habe es schon einmal gesagt: Beleidigungen sind pfui! Für solches Verhalten gibt es höchstens eine High-Five ins Gesicht. Du solltest sie immer auf eine lustige und humorvolle Art und Weise ärgern. Probier es mal mit den folgenden Varianten:

- Ich glaub es nicht. Du hast genau die gleiche Frisur wie mein kleiner Bruder. Haha, das ist ja süß.
- Du hast zwei verschiedene Haarfarben? Das ist ja so, als würde man zwei verschiedene Schuhe tragen.
- Warum hast du dir nur dieses Piercing in die Lippe schießen lassen? Deine Mami war damit sicher nicht einverstanden.
- Du kannst Luke Skywalker unmöglich cooler finden als Han Solo. Das tun doch nur Nerds und Jungfrauen. Wie ein Nerd siehst du nicht gerade aus … Bist du etwa noch Jungfrau?
- Oh, du hast einen dieser modernen Handtaschen-Hunde. Ich finde es ja echten Hunden gegenüber unfair, dass sich heutzutage auch nackte Meerschweinchen zu ihrer Art zählen dürfen. Wie heißt es denn?
- Das glaub ich dir nicht. So abgebrüht siehst du nicht aus.

Natürlich muss für all diese neckischen Sprüche der Kontext stimmen. Du kannst nicht aus heiterem Himmel von Luke Skywalker anfangen, wenn *Star Wars* noch gar nicht zur Sprache kam. Genauso wenig wirst du den Piercing-Spruch bei einer Perle ohne Piercing fallen lassen. Passe dein Necken also eurem Gespräch und der Situation an. Du willst ja nicht, dass sie dich für irre hält, sondern vielmehr irren Sex mit ihr. Nimm meine Vorschläge als Anregung, aber vergiss dabei das Denken nicht.

Du kannst sie auch wunderbar necken, indem du sie väterlich behandelst. Das sieht dann ungefähr so aus:

- Na, Kleines, ist es nicht ein bisschen spät für dich? Musst du nicht schon längst zu Hause sein?
- Sei nicht so frech. Wenn du den Rest des Abends brav bist, kauf ich dir noch einen Lolli am Kiosk. Aber nur dann!
- Nirgendwo Platz, was? Hier auf Papis Schoß ist noch was frei!

BARNEYS TIPP:

Gib deiner Zielperson sofort einen Spitznamen. Du kannst sie natürlich klassisch Süße, Kleines oder Baby nennen, aber besser ist es, du lässt dir etwas Originelles und Individuelles einfallen.

Sieh sie dir genau an. Achte auf Auffälligkeiten. Sie trägt ein geblümtes Oberteil? Ein naheliegender Spitzname wäre Blümchen. Vielleicht trägt sie auffällige Ohrringe in Kirschenform. Also nennst du sie Kirsche.

Auch aus ihrer Art kannst du direkt einen lustigen Spitznamen ableiten. Wenn sie zum Beispiel etwas frech oder vorlaut ist, nennst du sie Früchtchen oder Göre.

Indem du ihr Spitznamen gibst, zeigst du ihr, dass sie dir nicht so wichtig ist, dass du bloß ein wenig Spaß haben willst. Du demonstrierst mit einem solchen Auftreten ganz deutlich, dass du der Supertyp bist, den sie unbedingt haben muss. Bleib am Ball, Bro, und schon bald heißt es: Bang bang bange-di-bang!

Die innere Öffnung

*B*evor sich die Tür zu ihrem Schlafzimmer öffnet, muss deine Auserwählte sich dir innerlich, das heißt emotional öffnen. Dafür ist es unerlässlich, dass du dich selbst auch innerlich öffnest. Genauso wie Ali Baba im Märchen das Felsentor mit dem Zauberspruch »Sesam, öffne dich« geknackt hat, sprengst du ihren unsichtbaren Keuschheitsgürtel, indem du deine emotionale Seite zeigst. Teile ein Geheimnis oder eine bewegende Geschichte mit ihr. Erzähle von deinem größten Traum, den du schon seit deiner Kindheit verfolgst, und frag sie nach ihren Träumen. Zieh sie mit dir auf dieselbe emotionale Ebene. Von dort aus geht es weiter in die Welt der Berührung, des Vorspiels und des Sex.

Ich erzähle in diesem Fall gerne die Geschichte von meinem kleinen Dackel Amor. Als ich in der zweiten Klasse war, musste er vor seiner Zeit gehen. Er war so ein tapferer kleiner Kamerad. Jeden Tag verbrachten wir zusammen, wir liefen durch den Wald und jagten Mäusen und Eichhörnchen hinterher. Er war mein bester Freund und wir waren einfach unzertrennlich. Doch eines Tages, als ich von der Schule nach Hause kam, war er nicht mehr da. Meine Eltern waren mit ihm zum Tierarzt gegangen und der hat ihn eingeschläfert. Der arme kleine Amor.

Da bleibt kein Auge trocken. Du musst dir aber auch im Klaren darüber sein, dass so eine Story schon ein schweres Kaliber ist. Ich konzentriere mich dabei deshalb auf die schönen Seiten: auf unsere Freundschaft und die legendäre Zeit, die wir miteinander hatten. Ich hebe Amors positive Eigenschaften hervor und versuche, so wenig negative

Emotionen wie möglich aufkommen zu lassen. Er war so ein treuer Hund, liebte die Menschen, vor allem Kinder, und nachts kuschelte er sich immer zu mir ins Bett (Subtext!). Wenn ich bei dem wirklich traurigen Teil der Geschichte ankomme, fasse ich mich kurz und verschweige deprimierende Details. Ich unterbreche auch den Blickkontakt und sehe meine Zielperson erst wieder an, wenn ich mit dem Satz ende: »Ich werde ihn nie vergessen, den kleinen Rabauken.« Dann lächle ich und blicke ihr lange und tief in die Augen.

Jeder kennt eine bewegende Geschichte dieser Art. Die Kunst liegt lediglich darin, sie richtig zu erzählen. Es geht in erster Linie darum, dem scharfen Surfergirl zu zeigen, dass du in der Lage bist, echte Gefühle zu empfinden, und dass du zu ihnen stehst. Wie reagiert sie nun? Sie wird mit dir fühlen und wahrscheinlich eine bewegende Geschichte aus ihrem Leben erzählen. Damit hast du sie auf die Emotionsebene geführt und kannst zur nächsten Phase übergehen.

Betöre ihre Sinne

*E*ine bewegende Geschichte ist natürlich nicht der einzige Weg zur inneren Öffnung. Wie bereits gesagt sind Frauen sinnliche Wesen. Wenn du es schaffst, ihre Sinne positiv anzusprechen, kommen in ihnen garantiert auch positive Emotionen hoch, die sie dann direkt mit dir verbinden.

Musik ist hierfür bestens geeignet. Das Thema ist schier unerschöpflich. Solltest du dich bisher wenig mit Musik beschäftigt haben, dann wird es Zeit, deinen eigenen Geschmack zu kultivieren. Auch wenn Mainstream-Mucke nicht dein Fall ist, solltest du doch den einen oder anderen aktuellen Hit kennen. Kaum etwas verbindet so schnell wie die gemeinsame Liebe zu einer bestimmten Musikrichtung, einer Band oder einem speziellen Song. Ich frage ein hübsches Mädchen gerne, ob es ein Lied gibt, das sie besonders gut beschreibt. Das bringt sie zum Nachdenken, aktiviert aber vor allem ihre Gefühlsebene. Wenn sie dann an eine bestimmte Nummer denkt, wahrscheinlich einen ihrer Lieblingssongs, kommt sie in den sofortigen Genuss positiver Emotionen, die ihr Unterbewusstsein gleich mit dir in Verbindung bringt. Wahrscheinlich wird sie dir dann dieselbe Frage stellen, überleg dir also schon mal was Aussagekräftiges. Ein Lied mit Tiefgang wie *Simple Man* von Lynyrd Skynyrd oder auch die Iron-Maiden-Ballade *Educated Fool* sind dafür selbstverständlich besser geeignet als die neueste Lady-Gaga-Single oder ein ähnlich flacher Partyhit.

Du kannst bei deiner Zielperson auch über den imaginären Gaumen punkten. Es gibt im Netz spannende Reportagen über ausgeflippte Köche. In ihren Molekularküchen experimentieren Virtuosen wie der Spanier

Ferran Adrià mit flüssigem Stickstoff und zeichnen sich durch gewagte Kreationen wie Melonenkaviar, weißes Tomatenespuma oder Lachsterrine mit Lakritzsoße aus. Erzähl ihr von deinem Besuch in einem dieser verrückten Restaurants, beschreibe die bunten Speisen in allen Formen und Farben, so vermittelst du ihr ein äußerst sinnliches Erlebnis.

Erkunde unseren Planeten. Geh auf Reisen und erweitere deinen Horizont. Das wird nicht nur deiner persönlichen Entwicklung guttun und dich insgesamt selbstbewusster machen, sondern dich auch noch mit tonnenweise sinnlichen Storys versorgen. Die Erlebnisse mit den Straßenkids aus Bombay, deine Dschungeltour am Amazonas, die atemberaubenden Pyramiden von Tical, all die unglaublichen Erlebnisse, die Düfte und Geschmäcker fremder Länder schaffen hochinteressanten Gesprächsstoff.

Spinne mit ihr Fantasien. Frag sie, wo sie sich in zehn Jahren sieht. Wünscht sie sich Kinder und eine Familie, vielleicht sogar einen Hund? Sie ist ein Katzenmensch und du das Gegenteil? Zieh sie damit auf und behaupte mit einem Grinsen, dass aus euch wohl nichts werden wird. Wohin möchte sie sich beruflich weiterentwickeln, in welchem Land würde sie gerne einmal leben? Stelle aber auch nicht zu viele Fragen, sonst bekommt euer Gespräch eine Art Interview-Charakter. Lass sie zwischendurch erzählen und gib ihr stets ein starkes Feedback. Du hältst Augenkontakt, berührst sie an der Hand, am Arm, am Oberschenkel. Frag ungläubig nach, wenn dich etwas überrascht, oder gib bestätigende Kommentare wie »Wow«, »Toll«, »Der Hammer«.

Du bist schon ganz schön weit gekommen. Wenn ihr euch wirklich über all diese oder auch nur ein paar dieser Themen unterhaltet, hat sie offensichtlich großes Interesse an dir. Sie hat dir womöglich schon ein Geheimnis oder intime Dinge anvertraut. Dann heißt es jetzt: bloß keine Zeit verschwenden. Sattel die Pferde und führe sie ins nächste Level. Es ist an der Zeit, sich ihr körperlich anzunähern, sie zu berühren und zu küssen. Ja, vielleicht ist sie sogar schon bereit, mit zu dir zu kommen, um sich dein Baby-Schweinchen anzusehen. Aber alles schön der Reihe nach.

Körperliche Annäherung

Sicher kannst du dich erinnern, dass Ted bei seinem ersten Date mit Robin die Gelegenheit zum Kuss hat verstreichen lassen. Danach reden Lily und Marshall auf ihn ein, dass er die Signale nicht gesehen hat, während Barney gleich sagt, es gibt kein Signal.

Wann ist es okay, sie zu berühren, wann, sie zu küssen?, wirst du dich jetzt bestimmt fragen. Prinzipiell gilt: Je früher desto besser. Du kannst, ja du solltest die Braut schon beim Hallosagen das erste Mal berühren. Gib ihr die Hand, wenn ihr euch vorstellt, oder mach ihr ein Kompliment für ihr tolles Outfit und fahre dabei beiläufig über den Stoff ihres Ärmels. Je öfter du diese scheinbar unbeabsichtigten Berührungen in die Unterhaltung einbaust, desto selbstverständlicher wird der Körperkontakt für die Frau. Du ebnest dir so gewissermaßen den Weg zum ersten Kuss. Im Hinblick darauf gilt: Frage nie, ob du sie küssen darfst. Wer nach Erlaubnis fragt, stellt sich selbst infrage. Zumindest sendest du der Frau mit dieser Frage ein derartiges Signal. In puncto Kuss musst du wie in allen anderen Phasen der Eroberung die unverrückbare Einstellung haben, dass sie dich will. Warum solltet ihr euch sonst schon seit über einer Stunde unterhalten? Kommst du auch nur kurz von dieser inneren Überzeugung ab, wird sie es sofort merken. Und nichts macht einen Mann unattraktiver als Selbstzweifel.

Wenn es ums Küssen geht, gilt nur eine Regel: TU ES! Je öfter du in dieser Situation bist, desto feiner wird dein Gespür für den richtigen Zeitpunkt werden. Es gibt dafür auch keine geltende Mindestzeit. Ich habe Frauen schon geküsst, bevor sie meinen Namen kannten, aber auch erst nach stundenlangen intensiven Gesprächen. Du darfst dich auf keinen Fall vor einer Ablehnung fürchten. Weißt du noch? Angst ist für einen Supertypen der Brollosal-Klasse ein Fremdwort. Manche Frauen lassen sich auch nicht gleich beim ersten Versuch küssen, weil sie zum Beispiel erst testen wollen, wie ernst dir die Sache ist. Bleib also dran!

Auf dem Weg zum Kuss und zum anschließenden Sex musst du euren Körperkontakt beständig intensivieren. Am Anfang eures Gesprächs berührst du sie so, dass sie es kaum wahrnimmt, also sehr sanft und unauffällig. Je inniger eure Unterhaltung wird, desto inniger kannst du euren Körperkontakt gestalten. Wenn du bei einem Thema ganz ihrer Meinung bist, verstärkst du deine Zustimmung, indem du deine Hand auf ihre legst. Lass sie erst einmal dort liegen. Deine Zielperson wird ihre Hand schon selbst wegnehmen, wenn ihr die Berührung zu viel ist. Lässt sie ihre Hand aber, wo sie ist, kannst du weitermachen und eure Berührung immer weiter in Richtung Eskalation treiben. Wenn du den Körperkontakt weiter verstärkst und sie mitspielt, seid ihr auf dem direkten Weg, miteinander zu schlafen.

Die Macht der Berührung gepaart mit Humor, Alphaverhalten und innerer Öffnung bereitet die prächtige Portugiesin neben dir innerlich auf Sex vor und weckt in ihr den Wunsch, mit dir zu schlafen. Aber denke immer daran: Ohne das selbstbewusste Auftreten des Supertypen wird sie deine Berührungen im besten Fall als seltsam und im schlimmsten Fall als aufdringlich empfinden.

BARNEYS TIPP:

Schlüpfe während der Verführung niemals aus der Alpharolle! Es sei denn, du willst, dass sie dich zu ihrem Schoßhündchen macht. Dann darfst du ihr in Zukunft beim Umzug helfen, ihre verstopfte Toilette reinigen und mit ihrem echten Hündchen Gassi gehen. Der einzige Körperkontakt, den du dafür bekommst, ist die Fuß-massage, die sie regelmäßig einfordert. Pah! Das ist kein Körperkontakt. Denke an Jules Winnfields[10] Worte:

»Eine Fußmassage ist nichts! Ich massier sogar meiner Mutter die Füße.«

Aber lassen wir die Mütter besser raus. Es geht nur um eines: einmal Alpha, immer Alpha!

---

10   Auftragsmörder in Quentin Tarantinos Kultstreifen *Pulp Fiction*

Sexuelle Themen

*W*hat up? Wir kommen dem Kern der Sache immer näher. Du und die scharfe Stewardess, ihr unterhaltet euch schon eine ganze Weile. Ihr führt ein spannendes Gespräch, habt Spaß und lacht viel. Ihr seid euch schon bedeutend nähergekommen. Ihr Oberschenkel schmiegt sich an deinen, ihre Hand ruht auf deinem Knie. Du hast den Arm lässig um sie gelegt und siehst ihr tief in die Augen. Vielleicht habt ihr euch schon geküsst, vielleicht noch nicht. Die Eskalation der Berührung und das Einstreuen sexueller Themen gehen Hand in Hand. Ganz egal, ob eure Lippen schon den Weg zueinander gefunden haben, langsam wird es Zeit, Sex zum Thema zu machen. Natürlich darfst du hierbei nicht plump vorgehen. Verpacke das Ganze in eine elegante Schachtel und sie wird viel stärker darauf anspringen, als wenn du plötzlich anfängst, von Möpsen und Schwengeln zu reden. Sei also nicht zu direkt. Frag sie nicht nach ihren sexuellen Vorlieben, ob sie lieber auf dem Rücken liegt oder doch eher die Hündchenstellung bevorzugt. Das würde deine bisher blitzsaubere Arbeit nur zunichtemachen und sie vergraulen.

Du musst sexuelle Themen geschickt und subtil in die Unterhaltung einfließen lassen. Zum Beispiel kannst du wieder einmal einen Zeitungsartikel zu dem Thema zitieren und sie fragen, ob sie das auch so sieht. Ein Thema, das die Frauenwelt und daher auch die Medien schon seit Jahren beschäftigt, ist die weibliche Fähigkeit, einen Orgasmus zu haben. Studien belegen, dass nur ein geringer Prozentsatz der Bräute in der Lage ist, sich beim Sex so weit zu entspannen und gehen zu lassen, dass sie auch zum Höhepunkt kommen. Die armen Dinger.

Zum Glück ist das bei uns Kerlen nicht ganz so kompliziert. Wie dem auch sei. Aus demselben Grund täuschen Millionen von Frauen ihren Partnern Orgasmen vor. Also wirklich! Du kannst sie jetzt ruhig ein wenig provozieren und ihr unterstellen, das auch schon gemacht zu haben. Nutze dazu die Rückendeckung des Artikels. Du kannst das folgendermaßen formulieren: »Statistisch betrachtet haben drei von vier Frauen ihrem Partner im Bett schon etwas vorgespielt.« Suche drei Frauen aus der Menge heraus und mach deine Zielperson auf sie aufmerksam. Dann zeigst du diskret mit dem Finger auf die drei Ladys. Dein Finger wandert von einer zur anderen. Dabei zählst du laut von eins bis drei, jetzt zeigt dein Finger auf deine Zielperson und du sagst mit fragendem Unterton vier. Den Rest überlässt du ihr. Sie wird unweigerlich darauf reagieren. Vielleicht versucht sie, sich zu verteidigen, womöglich gibt sie aber auch zu, schon einmal einen Orgasmus vorgetäuscht zu haben. Da kannst du dann wieder einsteigen und frech anmerken, dass eben nicht jeder Kerl ein Brofi im Bett sein kann. Dabei grinst du sie schelmisch an und siehst ihr lange und tief in die Augen. Küss sie jetzt, falls du es noch nicht getan hast. Auf keinen Fall prahlst du aber damit, was für ein göttlicher Liebhaber du bist. Das wird sie noch früh genug herausfinden.

Du kannst aber auch eine harmlosere, weniger provokative Variante wählen. Warst du nicht erst in den Staaten im Urlaub? Da gab es doch diese Kommune in Kalifornien. Alles durchgeknallte Hippies, aber menschlich schwer in Ordnung. Manchmal ließ die Hygiene ein wenig zu wünschen übrig, aber sonst war es echt eine hammermäßige Zeit. Vor allem ihre sexuelle Einstellung hat dich beeindruckt. Besonders die Mädels in der Kommune gingen so offen und ehrlich mit ihrer Sexualität um, dass du es anfangs gar nicht glauben konntest. Das waren aber nicht die typischen leichten Mädels, die sich von einem reichen Kerl mit rotem Sportwagen abfüllen und flachlegen lassen. Nein! Das waren intelligente Frauen, für die Sex einfach ein menschliches Grundbedürfnis darstellt. Sie schliefen, mit wem sie wollten und wann sie wollten. Selten bist du so ausgeglichenen Ladys begegnet. Erzähle diese oder eine ähnliche Story und warte ihre Reaktion ab. Wenn du noch nie in den Staaten warst, kannst du das Ganze natürlich wieder einmal irgendwo gelesen oder auch von einem Freund gehört haben.

Eine dritte Variante wäre das erst kürzlich erschienene Buch *Der Busen: Meisterwerk der Evolution* von Florence Williams. Diese überfällige Ode an den Busen deckt sowohl wissenschaftliche als auch erotische Aspekte ab und zeigt die wahre Macht des weiblichen Vorbaus. Erzähle deiner Zielperson, dass du letztens im Buchladen über dieses Werk gestolpert bist und einen Moment der Erleuchtung hattest. Ist doch höchste Zeit, dass der Busen endlich die Anerkennung erhält, die er verdient, oder nicht? Du kannst ruhig noch etwas hinzufügen wie: »Ja, ich bekenne mich schuldig. Ich liebe Busen.«

Es geht letztendlich weniger darum, was genau du erzählst, sondern mehr um den Effekt, den du damit erzielst. Sexuelle Themen bringen das weibliche Gehirn dazu, über Sex nachzudenken. Du kennst ja das verbreitete Klischee: Typen denken ständig an Sex, Bräute hingegen, na ja, sagen wir mal: seltener. Indem du Sex zum Thema machst, pflanzt du Gedanken an verschwitzte Körper, die sich stöhnend über zerknitterte Bettlaken wälzen, in ihren Kopf. Du regst ihre Vorstellungskraft an und ihr Körper wird daraufhin anfangen, verstärkt Sexualhormone auszuschütten. Am besten deutest du manche Dinge nur an oder machst sexuelle Anspielungen. Der Rest geschieht in ihrem Kopf. Es ist ja kein Geheimnis, dass die mächtigste erogene Zone das menschliche Gehirn ist. Für Frauen gilt das sogar noch stärker als für Männer. Nutze dieses Wissen und füttere das weibliche Gehirn mit den entsprechenden Reizen. Damit entfachst du ein Feuerwerk weiblicher Fantasie in ihrem hübschen Köpfchen. Sobald in ihrem Sexualzentrum die entsprechenden Raketen zünden, wird sie so horny sein, dass sie am liebsten ihre Fingernägel in dich schlagen und dich an Ort und Stelle vernaschen würde.

5

Der Score

*W*arum scoren? Das ist ja so, als würdest du fragen: Warum atmen? Warum essen? Warum trinken? Junge, du bist auf der Zielgeraden angekommen. Mach jetzt bloß nicht schlapp. Der Score ist schon zum Greifen nah.

BARNEYS TIPP:

Ein echter Supertyp geht auf Bräutefang, weil es in seiner Natur liegt. Er will die Frauenwelt erkunden und erobern. Er ist ein Entdecker vom Format eines Christoph Brolumbus. So wie dieser mittelalterliche Seefahrer die neue Welt entdeckte, erforscht der Supertyp immer wieder neue Welten unwiderstehlicher Weiblichkeit. Er gibt sich nicht mit einer Braut zufrieden, um gemeinsam mit ihr alt zu werden. Zumindest nicht, bevor er 30 ist und auf eine stattliche Zahl von Eroberungen zurückblicken kann.

Er spielt das größte Spiel der Welt mit Finesse und Zielstrebigkeit. Manchmal gelingt es ihm, seine Auserwählte direkt vom Klub nach Hause zu begleiten und eine leidenschaftliche Nacht mit ihr zu verbringen. Ein anderes Mal kommt er vielleicht nur bis zum Kuss oder kriegt lediglich ihre Telefonnummer. Da sind die Chicks einfach unterschiedlich gestrickt. Die eine kommt nach der Disco mit zu dir, die andere ist erst beim nächsten Treffen so weit. Du solltest dich aber nicht öfter als drei Mal mit ihr treffen, ohne mit ihr zu schlafen. Eine Beziehung oder auch eine Affäre ohne Sex ist einfach undenkbar.

In vielen Verführungsratgebern wird ein Kuss oder sogar nur die Telefonnummer bereits als Score verbucht. Okay, oft sind Kuss und Telefonnummer notwendige Etappenerfolge, um an den tatsächlichen

Score zu gelangen. Als Score selbst würde ich sie aber nicht bezeichnen. Wirklich erfolgreich bist du als Verführer erst dann, wenn du auch mit deiner Zielperson schläfst. Ich will dich jetzt nicht entmutigen, am Anfang sind natürlich sowohl die Telefonnummer als auch ein leidenschaftlicher Kuss schon bahnbrechende Erfolge. Damit hast du den Fisch am Haken, doch noch lange nicht im Boot. Wer weiß, was ihm alles einfällt, um sich im letzten Moment doch noch loszureißen und in den Tiefen des Meeres abzutauchen? Das war's dann mit der schönen Trophäe.

BARNEYS TIPP:

Bevor du eine Braut anrufst, musst du drei Tage warten. Wer sagt das? Na, Jesus. Auch er wartete drei Tage, um von den Toten aufzuerstehen.

- Hätte er nur einen Tag gewartet, hätten seine Buddys etwas gesagt wie: »Schon klar, Bro. Du warst tot. Was immer du sagst.« Und hätten ihm hinter seinem Rücken den Vogel gezeigt.
- Hätte er nur zwei Tage gewartet, wäre er an einem Samstag auferstanden und keiner hätte es mitbekommen, weil alle mit Schafehüten oder Bärteschneiden beschäftigt gewesen wären.
- Deshalb wartete er drei Tage. Die perfekte Anzahl von Tagen. Und er will auch, dass wir drei Tage warten, bis wir ein Mädchen anrufen.

Wahre Geschichte!

Dein Ziel muss es daher sein, mit ihr ins Bett zu steigen. Und das so früh wie möglich. Sollte sie dafür noch nicht bereit sein, akzeptierst du das selbstverständlich und verabredest dich mit ihr für ein weiteres Treffen. Du kannst sie auch in den kommenden Tagen anrufen und mit ihr ein Date ausmachen. Warte damit aber nicht zu lange, sonst wird sie das Interesse verlieren. Sei aber auch nicht zu vorschnell, sonst wirkst du anhänglich, und das signalisiert ihr ganz klar: Beta!

Ruf sie an!

*D*u rufst sie also an. Schreib ihr keine SMS oder Facebook-Nachrichten. Ruf sie an. Bring dich zuvor in die richtige Stimmung. Sei selbstbewusst, sprich mit lauter Stimme und achte auf deine Stimmlage. Du willst männlich klingen, nicht nach frisch kastriert. Lächle den Hörer an und begrüße sie freundlich: »Hi, hier ist …«

Verzichte auf Sätze wie »Kennst du mich noch?« oder »Weißt du noch, wer ich bin?«. So ein Gesprächseinstieg zeugt nur von mangelndem Selbstbewusstsein. Natürlich weiß sie noch, wer du bist. Ihr hattet doch eine super Zeit zusammen, sie hat dich daher sicher nicht vergessen. Die Tatsache, dass du einige Zeit gewartet hast, ehe du dich bei ihr meldest, zeigt ihr allerdings, dass du auch noch andere, wichtigere Dinge zu tun hast. Du bist nicht auf sie angewiesen und deshalb umso interessanter für sie.

Da ein Telefongespräch in gewisser Weise eine künstliche Gesprächssituation ist, kannst du dich dabei ruhig kurz fassen. Du musst ihr keine Romane erzählen. Frag sie einfach, ob sie morgen Nachmittag Zeit hat. Wenn nicht, schlägst du einen anderen Tag vor. Lass dich aber nicht für dumm verkaufen. Wenn sie immer wieder Ausflüchte präsentiert und die ganze Woche keine Zeit hat, kannst du sie zu einem späteren Zeitpunkt noch einmal anrufen. Sollte sie dann noch immer nicht bereit sein, sich mit dir zu treffen, lass sie sausen. Zu viel Mühe lohnt sich nicht und ein wahrer Verführer läuft keiner Frau der Welt hinterher. Schließlich warten Tausende andere heiße Hasen auf ein Abenteuer mit einem Supertypen wie dir. Beschränke dich also nicht auf eine einzige Lady. Nicht, dass du noch an Oneitis[11] erkrankst. Das wünscht man nicht mal seinem schlimmsten Feind.

11 Unverständliche und ungesunde Fixierung auf eine »perfekte« Frau

Geh nicht mit ihr ins Restaurant

*G*ehen wir aber jetzt einmal davon aus, dass sie Zeit hat. Was für ein Programm bietest du ihr? Damit eins klar ist: Du gehst auf keinen Fall mit ihr ins Restaurant. Barney geht frühestens mit einer Frau ins Restaurant, wenn er mindestens drei Mal mit ihr geschlafen hat. Essen an sich ist aber gar keine schlechte Idee. Erinnerst du dich, was ich über Chicks und Sinnlichkeit gesagt habe? Und sicher kennst du die alte Binsenweisheit »Liebe geht durch den Magen«.

Warum lädst du sie nicht einfach zu dir nach Hause zum Abendessen ein? Damit kannst du ihr ein sinnliches Erlebnis aus eigener Hand bieten. Außerdem ist sie dann schon einmal bei dir zu Hause und es könnte als Nachtisch ein weiteres sinnliches Erlebnis folgen. Du kannst nicht kochen, sagst du? Quatsch! Jeder kann kochen. Du musst ihr ja nicht gleich ein Neun-Gänge-Menü mit selbst gemachter Entenleberpastete und Trüffelsoufflé servieren. Es gibt kinderleichte Gerichte, die trotzdem absolut lecker sind. Am besten stöberst du mal ein wenig im Internet. Dort findest du tolle Rezepte. Meistens sind sie mit einem Schwierigkeitsgrad versehen, sodass du gleich siehst, welches Rezept für dich machbar ist und welches du eher links liegen lässt.

Wenn du die Sache brofessionell angehen willst, dann kannst du einen Kochkurs bei der örtlichen Volkshochschule besuchen. Dort lernst du unter seriöser Anleitung in wenigen Abenden, wie du ein paar legendäre Gerichte zubereitest. Oder noch besser: Du führst dein Date einfach zu einem dieser Kochkurse aus. Ihr werdet euch sicher super amüsieren.

Du kannst sie auch mit in den Park nehmen und ein Picknick mit ihr machen. Ihr habt euch in einer Bar kennengelernt? Warum gehst du nicht einfach auf ein paar Drinks mit ihr? Im Sommer kannst du mit ihr an einen See fahren, eine Bergtour machen oder einfach einen faulen Nachmittag auf der Terrasse eines stilvollen Cafés verbringen. Im Winter gehst du mit ihr zum Eislaufen, Skifahren oder Rodeln.

BARNEYS TIPP:

Je höher der Gefahrenfaktor bei einem Date, desto stärker fühlt sie sich zu dir hingezogen. Es sei denn, du verhältst dich ängstlich wie ein junges Rehkitz. Aber so etwas tut ein echter Kerl ja nicht.

Such dir also etwas Riskantes für euer Date aus. Wieder einmal kannst du aus unendlichen Möglichkeiten schöpfen. Wirklich lebensgefährliche Abenteuer solltest du jedoch bleiben lassen. Hat ja keiner was davon, wenn ihr dabei ins Gras beißt.

Das Risiko will also wohlkalkuliert sein. Probier es deshalb mit diesen legendären Dates:

- Geh mit ihr klettern. In einer Kletterhalle könnt ihr euch recht günstig Zubehör ausleihen und ihr lernt alles Nötige von einem geschulten Kletter-Guide.
- Fahr mit ihr zum Flugplatz und geht Fallschirm springen. Für Tandemsprünge mit Coach braucht man keinerlei Vorkenntnisse.
- Fahrt mit dem Lift aufs Dach des höchsten Gebäudes deiner Stadt und genießt die umwerfende Aussicht.
- Dasselbe funktioniert auch mit einem Berggipfel.
- Ihr könnt Paintball spielen oder noch besser Lasertag.

Das Geheimnis hinter diesen abenteuerlichen Dates ist schnell erklärt: Die Gefahr, wenn auch nur scheinbar vorhanden, steigert euren Adrenalinspiegel. Das Stresshormon Adrenalin wird in Extremsituationen wie Gefahr, Flucht oder auch bei starker Freude vermehrt vom menschlichen Körper ausgeschüttet. Wenn ihr gemeinsam einen adrenalingeladenen Nachmittag verbringt, bekommt euer Unterbewusstsein den Eindruck, ihr hättet schon sehr viel miteinander durchgemacht. Ihr fühlt euch einander viel näher als noch wenige Stunden zuvor. Gerade die Ladys auf Gottes schöner Erde sehnen sich nach so einem Programm voller Hochgeschwindigkeits-Action nach einer leidenschaftlichen Umarmung. Damit ist hammermäßiger Wahnsinnssex gemeint.

Der Köder

Ob euer Date nun auf sein Ende zugeht oder ihr in deiner Stammkneipe gerade wild miteinander rummacht, dein Ziel ist es, sie mit zu dir nach Hause zu nehmen. Natürlich kannst du auch mit zu ihr gehen. Beides hat seine Vor- und Nachteile. Deine Wohnung hat jedoch einen klaren Vorteil: den Köder.

Selbst wenn sie innerlich schon kochen und dir am liebsten sofort an die Wäsche gehen würden, tun sich die meisten Ladys damit schwer, eine direkte Einladung nach Hause anzunehmen. Biete ihnen deshalb einen harmlosen Vorwand. Das kann etwas ganz Banales sein. Du kannst sie noch auf einen Absacker oder auch die klassische Tasse Kaffee einladen. Auch ein Film oder das AC/DC-Album, von dem sie vorhin noch so geschwärmt hat, eignen sich perfekt als Köder. Frag sie einfach, ob sie es noch mit dir anhören will. Wirklich meisterlich ist natürlich wieder mal ein Babytier. Zeig ihr deinen wenige Monate alten Welpen oder dein süßes kleines Kätzchen. Barneys Köder ist ein Teetassen-Schwein. Es ist so niedlich und winzig, da kann einfach keine Braut widerstehen. Letztendlich geht es beim Köder mehr um den Vorwand als um den Köder selbst. Sobald ihr in deiner Bude seid, gehst du gleich mit ihr ins Schlafzimmer und setzt die Knutschorgie fort. Sie wird sich jetzt kaum für deine Briefmarkensammlung interessieren. Biete ihr einen Vorwand, aber bestehe nicht darauf, dass sie jetzt auch ihren Kaffee trinkt. Alter, es ist wahrscheinlich fünf Uhr morgens. Da braucht ihr beide eine Couch oder Matratze unter euch. An Kaffee könnt ihr auch noch acht Stunden später denken.

Jetzt wäre auch ein guter Zeitpunkt für den »Wolf im Schafspelz«. Ihr seid in deiner Wohnung und schon fällt sie über dich her. Du altes Schlitzohr hast bisher alles richtig gemacht und sie sexuell aufgeladen, wie es im Lehrbuch steht. Sie kann nun gar nicht mehr anders. Lass dich also von ihr vernaschen. Du bist Pudding in ihren Händen und überlässt ihr für kurze Zeit den dominanten Part. Sei ihre Beute. Das kannst du nach dem Sex noch verstärken, indem du etwas sagst wie: »Wow, du hast mich ja fast aufgefressen. Du bist ein ganz schön wildes Mädchen.«

Es ist nämlich so, dass Frauen genauso gerne verführen wie Männer. Auch sie bekommen dadurch einen Kick in Form von positiven Emotionen. Ach, was red ich. Positive Emotionen! Leidenschaftlicher und ausgelassener Sex ist so ziemlich das hammermäßigste, was unser Planet zu bieten hat. Wer eine wilde Schlafzimmer-Brolympiade nicht als Hochgenuss sieht, mit dem stimmt irgendwas nicht. Genieß das Ganze einfach. Du hast es dir verdient.

Sex, Sex, Sex

*D*u bist am Ziel, Bro! Du hast es endlich geschafft. Der erste Score seit Ewigkeiten, und das hast du alles dir selbst zu verdanken. Ich habe mit diesem Buch lediglich Schützenhilfe geleistet, den Rest hast du ganz allein geschafft. Du kannst stolz auf dich sein. Nur zu! Es schreit doch alles in dir nach der Self-Five. Jetzt ist genau der richtige Zeitpunkt dafür. – *Kurze Self-Five-Pause –*

Und jetzt schnapp sie dir, Tiger. Ich verzichte hier besser darauf, dir detailliert zu erklären, wie du im Bett weiter vorgehen musst. Die Sache mit den Bienchen und Blümchen sollte dir schon klar sein. Wenn du da noch Nachholbedarf siehst, dann rate ich dir, dich mal eingehend mit der weiblichen Anatomie zu beschäftigen. Das Internet bietet dir dazu terabyteweise Material.

Doch selbst wenn du nicht der perfekte Liebhaber bist, ist das kein Grund für zittrige Knie. Du kannst ruhig ehrlich sein und zugeben, dass du schon lange keinen Sex mehr hattest. Sie wird das eher süß finden, als es dir zum Vorwurf zu machen.

Ganz nebenbei: Selbst wenn Frauen auf den dominanten Supertypen abfahren, sind sie nicht so scharf auf einen Kerl, der schon Hunderte von Mädels flachgelegt hat. Sie wünschen sich zwar einen Mann, der weiß, was er tut, aber keinen, der Bräute wechselt wie Krawatten. Du solltest deshalb nie damit rausrücken, mit wie vielen Frauen du schon geschlafen hast. Selbst wenn es knapp 200 sind und du für den 200. Score ein tschechisches Supermodel anvisierst, solltest du das besser für dich behalten. Auch wenn es noch so aufregend ist, denk an Artikel 48 des *Bro Codes*:

Ein Bro verrät niemals, wie viele Bräute er flachgelegt hat.

Doch kommen wir zurück zum Sex.

BARNEYS TIPP:

Sei du selbst, wenn ihr miteinander schlaft. Wenn du sie über die Humorschiene verführt hast, musst du deine witzige Art im Bett nicht verstecken. Bring sie ruhig auch während des Sex durch freche Kommentare über ihren geradezu galaktischen Hintern zum Lachen. Das lockert die Sache auf und macht Spaß.

Du musst auch nicht alles daransetzen, sie um jeden Preis zu befriedigen. Bräute haben dann Spaß am Sex, wenn du Spaß daran hast. Lass dich also einfach darauf ein. Zerdenk es nicht! Lass dich gehen und schlaf so mit ihr, wie es dir Spaß macht. Auch sie wird dabei nicht zu kurz kommen.

Ihr könnt aber auch ganz offen über eure sexuellen Vorlieben sprechen. Dann wisst ihr Bescheid und könnt euren Matratzensport entsprechend gestalten.

Wenn du wirklich ein absolut blutiger Anfänger bist, dann lass sie einfach machen. Du wirst von Mal zu Mal und von Score zu Score besser werden. Setz dich also nicht unnötig unter Druck. Mit genug Übung wirst auch du zum perfekten Liebhaber, um den sich unglaubliche Legenden ranken werden.

6

Abgeblitzt – und jetzt?

*W*ahrscheinlich wird nicht jede Eroberung gleich auf Anhieb klappen. Frauen können manchmal sehr launische Wesen sein und das menschliche Balzverhalten ist nun mal keine exakte Wissenschaft. Ab und zu sind die Dinge einfach komplizierter, als sie scheinen. Die scharfe Tschechin mag einen Freund haben, dem sie treu ist, die flotte Finnin hast du möglicherweise gerade im falschen Moment angesprochen, sodass dein sonst so unwiderstehlicher Charme von ihr abperlt wie Wasser von einer Teflonpfanne.

Was glaubst du, wie oft The Barnacle schon abgeblitzt ist? Wie viele Drinks wurden ihm schon von der New Yorker Damenwelt ins Gesicht geschüttet? Richtig! Unzählige. Aber gibt er deswegen auf? Niemals. Er kommt zurück, stärker und noch legendärer als zuvor. Im nagelneuen Maßanzug erobert er die Ladys im Sturm. Wenn doch einmal eine zu ihrem Martini greift, um Barney eine Gesichtsdusche zu verpassen, reagiert er blitzschnell, reißt den Mund auf – und schon hat er einen Gratisdrink.

Im großen Spiel der Verführung ist es ganz normal, dass man auch mal eine Abfuhr kassiert. Schwamm drüber! Was zählt, sind dein männliches Selbstverständnis, deine innere Unerschütterlichkeit und deine positive Grundeinstellung. Wenn du dann doch mal einen Korb bekommst, nimm ihn nicht persönlich. Lass stattdessen die Situation kurz Revue passieren, suche nach möglichen Fehlern, lerne die entsprechende Lektion daraus und dann hakst du die Sache ab. Ist ja nicht dein Problem, wenn sie sich einen klasse Kerl wie dich entgehen lässt. Auf Barney wartet immer schon das nächste Abenteuer in Form einer ultrascharfen Braut mit Riesenbrüsten. Halte dich an meine Ratschläge, die ich mit seiner Hilfe ausgearbeitet habe, dann wirst auch du dich schon bald nicht mehr vor atemberaubenden Verehrerinnen retten können.

7

No-Gos

s gibt natürlich immer Themen, die du absolut meiden solltest, und Dinge, die du keinesfalls tun solltest.

🐾 Fangen wir gleich mal beim gängigsten Fehler an: Viele Jungs trinken sich Mut an, weil sie sich sonst nicht trauen, auf eine schneidige Señorita zuzugehen. Zunächst einmal spricht nichts gegen ein paar Drinks. In erster Linie willst du Spaß haben, und da gehört ein schönes kaltes Bierchen oder ein gepflegter Scotch unter Freunden einfach dazu. Wenn du aber knallvoll sein musst, damit du dich an das scharfe Blondchen rantraust, stellst du dir damit nur selbst ein Bein. Alkohol kann dich in Stimmung bringen und dein Energielevel steigern. Du solltest aber dein Limit kennen. Wenn du kaum noch geradeaus gehen kannst und dir das Sprechen große Mühe bereitet, dann vergiss das Verführen am besten für diesen Abend. Abgesehen davon, dass du auf das schöne Geschlecht in diesem Zustand einfach nur abturnend wirkst, kannst du deiner eigenen Urteilskraft auch nicht mehr vertrauen. Zu viel Alkohol macht die Kleine mit der festen Spange und der Monobraue gleich zu Giselle Bündchen. Na ja, das vielleicht nicht ganz. Fest steht jedoch, dass mit jedem Gläschen, das du zu dir nimmst, die Mädels um dich herum auf magische Weise immer schärfer werden. Da wird aus einer Vier schnell mal eine Sieben. In diesem Fall ist das aber leider fauler Zauber. Tu dir also selbst einen Gefallen und schieß dich nicht ab, wenn du auf die Pirsch gehst. Neben einem Schlittenhund aufzuwachen ist kein besonders schönes Erlebnis. Erspar also den Ladys dein besoffenes Gelalle und dir selbst ein möglicherweise böses Erwachen.

🐾 Ich habe es bereits gesagt, aber ich sage es lieber noch einmal: Du benutzt beim Ansprechen keine Anmachsprüche. Das ist einfach nur lahm und langweilig. Du willst aus der Masse an Normalos herausstechen, verhalte dich also auch dementsprechend.

- Im Gespräch solltest du sowohl eklige als auch stark polarisierende Themen vermeiden. Opa Werners eitriger Abszess eignet sich also genauso wenig als Gesprächsthema wie der Nahostkonflikt. Ebenso tabu wie diese Themen sind Beziehungsprobleme aus deiner Vergangenheit. Darüber sprichst du einfach nicht mit einer Frau, die du verführen willst. Du würdest dich damit nur selbst sabotieren.

- Achte auch darauf, nicht zu viele Fragen zu stellen. Deine Zielperson kommt sich sonst vor, als würde sie von ihrem Deutschlehrer aus der zehnten Klasse abgefragt.

- Ganz egal, wie gut euer Draht zueinander oder wie scharf sie ist, du akzeptierst ihr Nein. Wenn sie etwas entschieden nicht möchte, dann respektierst du das.

- Ich habe es schon einige Male erwähnt, da es aber wirklich wichtig ist, wiederhole ich es noch einmal: Lügen haben im Repertoire des legendären Eroberers nichts zu suchen.

- Aufdringlichkeiten, Beleidigungen und Gewalt sind die No-Gos schlechthin und haben im Leben eines Supertypen keinen Platz.

8

8. Resümee

*L*ieber Leser, wir sind am Ende angelangt. Bevor du dich jetzt gleich ins nächste sexuelle Abenteuer stürzt, habe ich noch ein paar abschließende Anmerkungen.

Die Ratschläge, Tipps und Tricks in diesem Buch sind auf den westlichen Kulturkreis abgestimmt. Das heißt, du wirst mit deinem neuen Wissen und deinen neu erlernten Fähigkeiten sowohl in Europa als auch den USA mit Leichtigkeit scoren. In anderen Ländern sieht das Ganze womöglich anders aus.

In Südamerika, zum Beispiel in Brasilien oder auch Peru, wird jeder Ausländer im Handumdrehen zum Player. Ob es am gesteigerten Sexhunger der Einheimischen oder dem warmen Klima liegt, kann ich nicht genau sagen. Fest steht jedenfalls, dass die südamerikanischen Bräute mit Vorliebe Gringos vernaschen. Sei also nicht geizig und lass sie ruhig auch mal von deinem Kuchen probieren.

In China oder Indien hingegen läuft das Spiel nach ganz anderen Regeln ab. Wenn es in China schon unglaublich schwer ist, ein paar feurige Stunden mit einer netten Einheimischen zu verbringen, ist es in Indien geradezu unmöglich. Das liegt ganz einfach an den unterschiedlichen gesellschaftlichen Normen und Tabus. In Indien leben Männer und Frauen bis zur Heirat getrennt, ja teils sogar voneinander isoliert. Sie gehen nicht einmal auf derselben Straßenseite. Wer ohne Erlaubnis Kontakt zu einer hübschen Inderin aufbaut, bricht damit ein strenges gesellschaftliches Tabu und kann sich eine Menge Ärger einhandeln. In vielen muslimischen und arabischen Ländern sieht es in diesem Punkt ähnlich trist aus. Ein sexuelles Abenteuer mit einer scharfen orientalischen Lady kann dich ganz schön teuer zu stehen kommen. Die Brüder verstehen da einfach keinen Spaß.

Wenn du also wie Barney den Traum hast, mit einer Frau aus jedem Land der Welt zu schlafen, dann informiere dich über Sitten, kulturelle Unterschiede und Tabus eines Landes, ehe du dort auf Brautsafari gehst.

Doch unabhängig vom Ort möchte ich dir für die Pirsch noch ein paar letzte Tipps mitgeben: Bereite dich stets gründlich und gewissenhaft vor und setze dich nicht unter Druck. Gehe die einzelnen Phasen so durch, wie sie in diesem Buch beschrieben sind, und entwickle eigene Strategien und einen eigenen Stil. Anfangs wirst du dich vielleicht noch schwertun, doch mit jedem weiteren Versuch rückst du der erfolgreichen Eroberung immer näher. Sobald du den Dreh raushast, wird deinen sexuellen Träumen nichts mehr im Weg stehen. Von zwei Eroberungen in Folge geht es über die lang ersehnte Ménage-à-trois bis zur perfekten Woche und noch viel, viel weiter.

So, nun aber genug der Worte. Anzug an! Dein Wingman wartet schon. An dieser Stelle kann ich dir nur noch eine legendäre Zukunft wünschen, Bro! Also los jetzt, ab mit dir ins Getümmel.

Danksagung

Zuerst möchte ich Mr Awesome Barney Stinson dafür danken, dass er mir den Weg aus der Mittelmäßigkeit ins Land der Legenden gezeigt hat. Ohne dich wäre all das hier nie entstanden.

Als Nächstes geht mein Dank an Ariane King, ohne die ich dieses Buch niemals geschrieben hätte. Deshalb noch mal in aller Deutlichkeit: vielen, vielen Dank, liebe Ariane.

Weiter gilt mein Dank meinen Erstlesern Michael und Wolfgang. Vielen Dank für eure Unterstützung. Natürlich bedanke ich mich bei meinen Eltern für ihre Geduld und ihr Vertrauen in mich. Ihr seid die Besten!

Zu guter Letzt möchte ich mich auch noch beim Riva Verlag für die tolle Zusammenarbeit bedanken.

Christoph Spöcker

Verwendete und weiterführende Literatur

Kuhn, Oliver: *Der perfekte Verführer*, München 2007

La Ruina, Richard »Gambler«: *Die Kunst der Verführung. Die geheimen Strategien von Europas größtem Verführungskünstler*, München 2011

Pütz, Maximilian/Hoffmann, Arne: *Der perfekte Eroberer*, München 2011

Satana, Lodovico: *Lob des Sexismus. Frauen verstehen, verführen und behalten. Ein Praxisbuch für Aufgeschlossene*, Norderstedt 2006

Stinson, Barney/Kuhn, Matt: *Der Bro Code*, München 2010

Stinson, Barney/Kuhn, Matt: *Das Playbook. Spielend leicht Mädels klarmachen*, München 2011

Web-Links:

http://www.barneystinsonblog.com/about-me/

http://www.thedatingspecialist.com/

Über den Autor

Christoph Spöcker wurde 1984 im Schwarzwald geboren und studierte nach dem Abitur Englische Literaturwissenschaften in Innsbruck. Auf einer Exkursion in die USA traf er eines Tages auf Barney Stinson, eine Begegnung, die sein Leben veränderte wie kein anderes Ereignis. Aus dem kleinen Jungen vom Land wurde ein kosmopolitischer Womanizer, der nun Barneys Wissen in die Welt tragen möchte, um das Leben aller jungen Männer ebenso positiv zu beeinflussen, wie es ihm selbst widerfahren ist.